Comment faire prospérer votre entreprise en période de récession.

COMMENT FAIRE PROSPÉRER VOTRE ENTREPRISE EN PÉRIODE DE RÉCESSION

Par : D.K. Hawkins
Version 1.1 ~Octobre 2022
Publié par D.K. Hawkins sur KDP
Copyright ©2022 par D.K. Hawkins. Tous droits réservés.

Aucune partie de cette publication ne peut être reproduite, distribuée ou transmise sous quelque forme ou par quelque moyen que ce soit, y compris la photocopie, l'enregistrement ou d'autres méthodes électroniques ou mécaniques, ou par tout système de stockage ou de récupération de l'information, sans l'autorisation écrite préalable des éditeurs, sauf dans le cas de très brèves citations incorporées dans des critiques et certaines autres utilisations non commerciales autorisées par la loi sur le droit d'auteur.

Tous droits réservés, y compris le droit de reproduction totale ou partielle sous quelque forme que ce soit.

Toutes les informations contenues dans ce livre ont été soigneusement recherchées et vérifiées quant à leur exactitude factuelle. Cependant, l'auteur et l'éditeur ne garantissent pas, de manière expresse ou implicite, que les informations contenues dans ce livre conviennent à chaque individu, situation ou objectif et n'assument aucune responsabilité en cas d'erreurs ou d'omissions.

Le lecteur assume le risque et l'entière responsabilité de toutes ses actions. L'auteur ne sera pas tenu responsable des pertes ou des dommages, qu'ils soient consécutifs, accidentels, spéciaux ou autres, qui pourraient résulter des informations présentées dans ce livre.

Toutes les images sont libres d'utilisation ou achetées sur des sites de photos de stock ou libres de droits pour une utilisation commerciale. Pour ce livre, je me suis appuyé sur mes propres observations ainsi que sur de nombreuses sources différentes, et j'ai fait de mon mieux pour vérifier les faits et accorder le crédit qui leur est dû. Dans le cas où du matériel serait utilisé sans autorisation, veuillez me contacter afin que l'oubli soit corrigé.

Les informations fournies dans ce livre le sont à titre informatif uniquement et ne sont pas destinées à être une source de conseils ou d'analyse de crédit en ce qui concerne le matériel présenté. Les informations et/ou documents contenus dans ce livre ne constituent pas des conseils juridiques ou financiers et ne doivent jamais être utilisés sans avoir consulté au préalable un professionnel de la finance afin de déterminer ce qui convient le mieux à vos besoins individuels.

L'éditeur et l'auteur ne donnent aucune garantie ou autre promesse quant aux résultats qui peuvent être obtenus en utilisant le contenu de ce livre. Vous ne devez jamais prendre de décision d'investissement sans consulter au préalable votre propre conseiller financier et sans effectuer vos propres recherches et diligences. Dans toute la mesure permise par la loi, l'éditeur et l'auteur déclinent toute responsabilité dans le cas où les informations, commentaires, analyses, opinions, conseils et/ou recommandations contenus dans ce livre s'avéreraient inexacts, incomplets ou peu fiables ou entraîneraient des pertes d'investissement ou autres.

Le contenu de ce livre n'est pas destiné à et ne constitue pas un conseil juridique ou un conseil en investissement, et aucune relation avocat-client n'est établie. L'éditeur et l'auteur fournissent ce livre et son contenu sur une base "telle quelle". Vous utilisez les informations contenues dans ce livre à vos propres risques.

Table des matières.

Table des matières..3

Introduction..5

Chapitre 1: Comment maintenir une entreprise solide en période de récession..9

Chapitre 2: Définir votre proposition de valeur en période de récession...17

Chapitre 3: Des méthodes éprouvées pour prospérer en période de récession..24

Chapitre 4: Stratégies pour aider votre entreprise à traverser la tempête de la récession...........................33

Chapitre 5: Les moyens de changer l'élan...............47

Chapitre 6: Réduire les coûts et augmenter les profits pendant la récession en transférant votre entreprise en ligne...54

Chapitre 7: Prendre le contrôle de votre entreprise en période d'incertitude..59

Chapitre 8: Comment la publicité peut augmenter vos profits pendant une récession..69

Chapitre 9: Comment augmenter vos revenus grâce au marketing de réseau, même en période de récession..75

Chapitre 10: Utilisez les téléséminaires pour mettre votre entreprise à l'abri de la récession...................79

Chapitre 11: Stratégies de marketing que vous pouvez mettre en œuvre en période de récession..............82

Chapitre 12: Transformer le passif en actif............94

Chapitre 13: Directives de vente contraires pendant une récession......................98

Chapitre 14: Comment le marketing basé sur la localisation peut aider votre entreprise à survivre à la récession......................102

Chapitre 15: Évaluez votre stratégie de marketing en période de récession......................105

Chapitre 16: Améliorer la valeur de votre emploi en période de récession......................109

Chapitre 17: Utilisez la force des services de référencement......................112

Chapitre 18: Alternatives aux coupes et aux réductions d'effectifs pendant la récession actuelle......................116

Conclusion......................122

Introduction.

Pendant une récession, vous devez être vigilant en tant que propriétaire d'entreprise. Il serait préférable que vous gardiez un œil sur les signaux tels que la réduction de la taille des entreprises, la hausse du chômage, l'augmentation des saisies immobilières et la baisse de la valeur des biens immobiliers.

Au même moment, vous entendez parler de la chute du marché boursier et de l'effondrement de grandes institutions financières et de compagnies d'assurance. Tous ces facteurs contribuent à la crise financière.

Contrairement à ce que les médias voudraient nous faire croire, notre masse monétaire n'est pas épuisée et la plupart des gens ne souffrent pas financièrement. Nombreux sont ceux qui considèrent la récession comme un moment de morosité économique qui ne leur laisse que peu ou pas de possibilités d'améliorer leur situation financière. Ils font face à ces circonstances avec pessimisme et désespoir.

Malgré le pessimisme généralisé, d'autres y voient un moment raisonnable. Pour les optimistes, une récession signifie que les biens immobiliers et la plupart des objets physiques sont vendus à des prix dérisoires. C'est le moment d'acheter, tant que les prix sont encore bas. Lorsque l'économie se redressera, la valeur de ces biens augmentera, ce qui permettra à ces investisseurs de les revendre avec des gains substantiels.

Il est essentiel que les propriétaires d'entreprises aient une compréhension fondamentale de l'économie. Ils doivent comprendre que notre argent ne s'est pas vraiment volatilisé ; au contraire, il est soigneusement transféré des personnes qui ont trop dépensé pendant les périodes fastes vers les commerçants avisés qui prospèrent en ces temps difficiles.

Pour mieux comprendre le mouvement des fonds, nous pourrions qualifier un type de consommateur de "réactif". Ces personnes dépensaient librement leur argent lorsque l'économie était saine. Maintenant, elles sont dans un état de désespoir financier et n'attendent qu'une amélioration. Par conséquent, elles sont enclines à renoncer à toute chance d'investir en ces temps difficiles. Ils ne sont pas conscients des causes de la crise financière.

Le deuxième groupe est constitué d'individus proactifs. Ces spécialistes du marketing avisés anticipent les opportunités, les reconnaissent et les saisissent sans hésitation. Les propriétaires d'entreprises à domicile apprennent à vendre et à promouvoir efficacement leurs entreprises sur Internet, ce qui leur permet de gagner un revenu substantiel même en période de ralentissement économique.

Si vous êtes propriétaire d'une entreprise et que vous jouez bien vos cartes, la récession ne doit pas nécessairement être une période de difficultés financières pour vous. Vous pouvez, vous aussi, devenir proactif en suivant quelques étapes simples :

Se concentrer sur l'abondance plutôt que sur le manque.

Utilisez le marketing de réponse directe lorsque les personnes sont à la recherche d'opportunités. Apprenez à promouvoir efficacement vos services ou vos produits, et vous attirerez des clients qui en veulent pour leur argent. Dans la mesure du possible, profitez des économies réalisées sur la publicité.

Non seulement les techniques de marketing sont essentielles pour une modeste entreprise à domicile, mais aussi la compréhension des causes des crises financières. Une connaissance constante de l'économie peut vous aider à prendre les décisions les plus rentables pour votre entreprise.

Chapitre 1: Comment maintenir une entreprise solide en période de récession.

Qu'une entreprise soit grande ou petite, il est évident que les récessions peuvent être stressantes. Elles peuvent également être une occasion en or pour vous, en tant que propriétaire d'entreprise, d'évaluer et de renforcer votre entreprise.

Premièrement, communiquez.

Bien que vous deviez constamment vous efforcer d'avoir une bonne communication dans votre organisation, il est essentiel de communiquer efficacement dans des circonstances difficiles. Vous devez communiquer efficacement avec votre personnel, vos gestionnaires, vos cadres et les autres propriétaires d'entreprise.

Vous devez vous assurer que tout le monde est sur la même longueur d'onde, surtout si des mesures radicales doivent être prises immédiatement. Vous devez tenir votre personnel au courant de ce qui se passe dans l'entreprise. Si les choses vont mal, informez-les. Ainsi, si des mesures sont prises, ils ne seront pas totalement surpris.

Si vous devez licencier des employés, ne le faites qu'une seule fois.

C'est peut-être l'une des tâches les plus difficiles pour tout propriétaire d'entreprise ou PDG, mais si vous devez licencier, ne le faites qu'une fois. L'aspect le plus triste de devoir licencier un employé en période de récession est qu'il s'agit peut-être d'un travailleur exceptionnel, mais que vous ne pouvez tout simplement pas vous le permettre.

Si vous devez vous débarrasser de quelqu'un, assurez-vous d'en faire assez la première fois pour ne pas avoir à répéter le processus une deuxième ou une troisième fois. Vos employés restants comprendront si vous le faites une fois, mais ils perdront confiance en vous et en l'entreprise si vous le faites plusieurs fois. Au lieu d'être des membres productifs de l'équipe, ils passeront toute la journée à craindre de perdre leur emploi.

Revoir les principes de base.

Examinez de près votre entreprise. Quelle est votre compétence de base ? Vous en écartez-vous ? Lorsque les temps sont difficiles, vous devez vous concentrer sur ce que vous connaissez le mieux. Il est également temps de revenir aux principes fondamentaux du service à la clientèle.

Vous devez vous assurer de convertir les pistes que vous recevez, car vous n'en recevrez probablement pas autant qu'auparavant. Vous devez également vous assurer que vous ne perdez pas de consommateurs actuels. Les clients sont essentiels à votre survie, vous devez donc faire tout votre possible pour conserver leur clientèle.

Améliorer le moral des membres de votre personnel.

Les primes ne sont peut-être pas une option. Que vous ayez ou non dû procéder à des licenciements, votre personnel sera probablement au courant de la situation de l'entreprise. Par conséquent, si les choses ne vont pas comme elles le devraient, ils en seront probablement informés. Par conséquent, vous devez découvrir d'autres méthodes pour remonter le moral des employés et maintenir leur motivation.

Un commentaire ou une petite appréciation pour un travail bien fait est très utile aux employés. Cela peut signifier beaucoup pour les employés de recevoir des éloges de la part de leur superviseur, surtout pour avoir bien exécuté leurs tâches quotidiennes.

Cela peut aussi être l'occasion de mieux connaître votre personnel. Vous pouvez inviter un groupe chez vous pour dîner, ou vous pouvez avoir une conversation sérieuse avec n'importe qui sur ce qui se passe dans sa vie.

Apprendre à mieux connaître votre personnel peut également vous donner l'occasion de lui offrir un petit cadeau significatif. Vous pouvez pratiquer d'autres activités pour remonter le moral de votre entreprise

Préparez-vous pour le retour.

En période de récession, c'est peut-être l'une des choses les plus importantes que vous puissiez faire pour votre entreprise. Même si vous êtes en mode de survie, vous devez continuer à penser et à planifier l'avenir. L'économie finira par se redresser et, à ce moment-là, vous devrez être prêt à tirer parti de la situation.

Vous devriez commencer à voir et à imaginer à quoi ressemblera le paysage de votre secteur d'activité lorsque la récession prendra fin. Y aura-t-il la même quantité de concurrents ? Moins ? Peut-être davantage ? Ces considérations doivent être prises en compte ; si vous le faites, vous serez bien placé pour tirer parti de la reprise.

S'occuper des clients existants.

Ce n'est pas le moment de paniquer et de prendre du retard dans la satisfaction des clients. Maintenez un contact étroit avec tous vos clients et accordez une attention particulière aux plus importants d'entre eux. Vous devez toujours montrer à vos clients que vous continuerez à leur être utile dans le climat économique actuel.

Réduire les coûts.

Prenez le temps d'examiner votre budget et d'identifier toute dépense excessive. Des ajustements peuvent-ils être apportés au budget pour réduire les coûts ? Si vous faites appel à des fournisseurs, contactez-les pour demander des réductions de prix et si vous recevez des services d'autres entreprises, contactez-les pour demander des réductions de coûts. Il faut s'y attendre en période de récession. Par conséquent, n'ayez pas peur de réduire les dépenses de toutes les manières possibles.

Effacer.

C'est le moment idéal pour organiser les finances et l'espace physique de votre entreprise, classer vos dossiers, vous occuper des déclarations en retard et ranger le bureau. Il est possible que vous découvriez des prospects oubliés que vous pourriez appeler. Une fois cette tâche accomplie, il sera plus simple de prendre du recul et d'utiliser une certaine perspective pour mieux comprendre où vous êtes et où vous allez.

Utiliser l'Internet.

L'internet est un outil et un outil très efficace. Il peut être une ressource encore plus précieuse en période de récession, car il existe de nombreuses options de marketing gratuites en ligne. Si vous n'êtes pas aussi doué en informatique que d'autres ou si vous manquez tout simplement de temps, vous pouvez choisir de faire appel à une entreprise de marketing Internet pour vous aider.

Contrôler les paiements.

Par les temps qui courent, faites particulièrement attention aux transactions de crédit et aux chèques. Nous aimerions tous croire que tous nos clients effectuent leurs paiements en temps voulu, mais ils ne sont peut-être même pas conscients du faible solde de leur propre compte bancaire. Pour éviter de perdre de l'argent et du temps, il est essentiel de garder un œil attentif sur vos clients et votre trésorerie.

Promouvoir vos meilleurs emplacements.

Ne commercialisez pas ou ne faites pas la promotion de votre produit ou service le moins vendu plus que nécessaire. Promouvez activement vos services les plus vendus et les plus rentables pendant une récession. Ensuite, si le client est intéressé, vous pouvez lui proposer tous les autres services que vous offrez.

Chapitre 2: Définir votre proposition de valeur en période de récession.

Que répondriez-vous si quelqu'un vous approchait et vous demandait : "Pourquoi devrais-je vous choisir comme principal partenaire commercial ?" Cet extrait sonore de trente secondes pourrait faire la différence entre établir une relation avec un nouveau client et passer à côté d'une autre opportunité de vente. Vous devez connaître votre proposition de vente unique sur le bout des doigts.

Vous pouvez dire que votre proposition de valeur est un excellent service à la clientèle, que vos prix sont les plus compétitifs, ou même que vous prétendez être le meilleur du secteur et offrir un service de qualité supérieure.

Qui dit cela ?

Ces affirmations ne définissent pas votre identité et ne doivent pas être utilisées pour commercialiser votre avantage concurrentiel.

Pourquoi ? Parce qu'il s'agit de déclarations susceptibles d'être contre-argumentées. Vos rivaux peuvent les reproduire ; sans preuves pour étayer vos affirmations, elles seront considérées comme des promesses exagérées et dénuées de sens.

Ce qui vous différencie doit offrir au client une meilleure valeur que ce qu'il paie en termes de produit, de service ou des deux. Vous vous différenciez en offrant quelque chose d'une valeur exceptionnelle pour le prix, ce qui attire à la fois les clients existants et les nouveaux clients.

Si vos concurrents font mieux, vos clients iront voir ailleurs, à moins qu'ils ne soient vraiment fidèles et indifférents au prix et à la valeur. Dans le contexte actuel de ralentissement économique, c'est aussi simple que cela.

Comment vous démarquer de la concurrence ?

Quelle proposition de valeur unique pouvez-vous offrir que personne d'autre ne peut offrir ?

Vos concurrents peuvent-ils la reproduire ?

Fournissez-vous un avantage spécifique, ou supposez-vous simplement que c'est le cas ?

Offrez-vous une proposition ayant une valeur à long terme ou une proposition offrant une solution rapide?

Examinons comment se distinguer de la concurrence:

1. Faites le calcul. Votre service ou votre produit coûtera-t-il plus cher à vos clients pendant la récession économique actuelle tout en conservant le même niveau de valeur ?

Dans ce cas, vous pouvez être dans l'histoire. Les clients cherchent des moyens d'économiser, donc si vous pouvez leur fournir des économies réelles ou perçues, ils vous voudront probablement à leurs côtés pour affronter la récession. Si ce n'est pas le cas, ils chercheront une autre concurrence qui pourra sauver leur budget et leur entreprise.

2. Réfléchissez à la manière dont votre produit ou service s'intègre dans l'univers de votre client. La valeur de votre produit ou service est-elle importante pour le client ? La façon la plus simple de vous distinguer est de fournir quelque chose que les autres suggéreront et dont ils discuteront.

Si c'est important pour votre client et que ses collègues vous ont suggéré, cela ne le dérangera peut-être pas de payer un peu plus. Encouragez vos clients fidèles à faire connaître ce qui vous distingue. Les recommandations des clients existants se traduiront en fin de compte par les taux de conversion les plus élevés.

3. Ne négligez pas les relations humaines. Comme je l'ai dit à plusieurs reprises, les individus font du commerce avec d'autres personnes, pas avec des entreprises ou des institutions. La mise en œuvre d'un solide programme de CRM avec vos clients est l'une des stratégies les plus efficaces pour gérer et

promouvoir votre proposition de valeur. Malgré l'importance des économies de coûts, les clients veulent savoir sur qui ils peuvent compter en période de récession, contre vents et marées.

4. Adaptez-vous à la réalité de vos clients, et non l'inverse. Vos clients n'ont pas à se conformer à votre modèle d'entreprise ; vous devez plutôt vous conformer au leur. Vous devez savoir et comprendre comment votre consommateur perçoit ses opérations quotidiennes et ce qu'il croit être les réponses pour survivre et même prospérer tout au long de la récession économique.

Quels sont ses obstacles professionnels ?

Quels sont les désirs, les besoins et les attentes de ses utilisateurs finaux ?

Ne partez pas du principe qu'il suffit que vous ayez une proposition de valeur formidable pour que la transaction soit conclue. Peu importe si le produit ou le service ne répond pas aux besoins de vos clients. Il en découvrira un qui le fait.

5. Trouvez votre avantage caché. Y a-t-il un produit que vous vendez et que personne d'autre ne propose ? Un service que vous fournissez qui est inégalé ? Possédez-vous un secret commercial ou une connexion industrielle qui vous permet d'identifier les nouvelles tendances et de capitaliser sur leur potentiel ? Utilisez cela à votre avantage.

6. Établissez-vous comme la seule personne ayant une connaissance de première main de l'avenir et de ce qui nous attend. Vous devez ensuite divulguer ces secrets. En donnant ces informations, vous démontrerez que vous comprenez la situation dans son ensemble, ce qui favorise la confiance. Assurez-vous que vos déclarations sont à l'épreuve du temps.

Vous devez être sélectionné, car l'incertitude économique persistera au moins jusqu'à la fin de cette année, voire l'année prochaine. Créez un point de différenciation entre votre entreprise et toutes les autres afin que les clients - vos clients actuels, fidèles et ceux qui restent à découvrir - vous choisissent.

Tenez compte de leur point de vue. Comprenez leurs préoccupations et leurs besoins. Puis résolvez leurs difficultés comme personne d'autre ne l'a fait auparavant. Offrez-leur une plus grande valeur pour leur argent. C'est une situation gagnant-gagnant.

Chapitre 3: Des méthodes éprouvées pour prospérer en période de récession.

Personne ne souhaite une récession car elle nécessiterait une réévaluation complète de la manière de maintenir une entreprise prospère. Lorsqu'une entreprise connaît une récession, rien ne garantit qu'elle s'en remettra rapidement.

En raison de l'insuffisance de capitaux pour poursuivre les activités, les petites et grandes entreprises sont contraintes de fermer, imaginez même des sociétés bien établies qui doivent sacrifier une partie de leurs succursales pour répondre aux exigences financières des autres succursales.

Il n'y a rien de mal à avoir des attentes élevées malgré la récession. Plus tôt vous reconnaissez que votre entreprise est en train d'échouer, mieux c'est. Cela vous permettra de rectifier la situation et de garder l'espoir que votre entreprise peut encore être sauvée.

Se concentrer sur les points forts de l'entreprise, améliorer l'équipe de direction et d'autres mesures peuvent donner l'impulsion nécessaire pour remettre l'entreprise sur les rails. Vous êtes conscient qu'il vous faut maintenant faire preuve d'esprit pratique en raison du manque d'entrées de fonds.

Garder un œil sur vos concurrents est également essentiel pour remettre votre entreprise sur pied. Lorsque vous remarquez qu'ils réduisent les éléments que vous jugez cruciaux, vous pouvez choisir de saisir cette occasion pour augmenter les vôtres.

Vous savez que vous devez mentir sur d'autres sujets, mais pas lorsqu'il s'agit de promouvoir votre entreprise. Il s'agit d'une approche fantastique pour convaincre les gens de faire affaire avec vous lorsque vos concurrents sont sur le point de fermer. Vous pourriez faire certains sacrifices dans votre budget de publicité et de marketing pour attirer plus de clients.

N'oubliez pas qu'en période de récession, il arrivera un moment où vous devrez utiliser vos fonds pour couvrir les demandes financières de l'entreprise. Il y a toujours la possibilité de sacrifier des fonds personnels pour le bien de l'entreprise.

Vous ne pouvez rien y changer, surtout si vous êtes le propriétaire de l'entreprise. Sur une note plus légère, vous pouvez profiter de la récession en faisant de la publicité à des tarifs réduits. Vous pourriez profiter de cette occasion en or pour faire connaître votre entreprise pendant que vos concurrents ne le font pas.

Vous pouvez même trouver des chômeurs très compétents prêts à travailler pour un salaire réduit puisqu'ils ont désespérément besoin de cet emploi. Au moins maintenant, l'entreprise a une meilleure chance de survivre au marasme.

Lorsque cela se produira, vous pourrez dormir sur vos deux oreilles en sachant que vous avez fait le bon choix en sacrifiant de l'argent à d'autres choses plus importantes et en recrutant des personnes capables d'améliorer la situation de votre entreprise.

Garder l'espoir dans des circonstances apparemment sombres est un défi. Vous êtes convaincu que vous ne regretterez pas d'avoir fait quelque chose que vous auriez dû faire auparavant. Tant que vous souhaitez que les choses s'améliorent, vous trouverez en vous la force de faire certains sacrifices dans la conviction que tout finira par s'arranger.

Les tactiques suivantes peuvent non seulement vous aider, vous et votre entreprise, à survivre à la récession, mais aussi à prospérer:

1) Reconnaissez qu'une partie au moins de la récession résulte d'une peur psychologique et d'un manque de mentalité.

En effet, il existe des forces économiques en jeu sur lesquelles vous n'avez guère de prise. Néanmoins, une composante importante d'une récession est que tout le monde y pense constamment et réagit par la peur. Le fait de penser constamment "il n'y en a pas assez" ou "ça diminue" conduit de nombreuses personnes à réduire leurs dépenses ou à reporter des investissements vitaux.

Vous devez comprendre cette composante psychologique et reconnaître qu'elle influence probablement vos clients, puis adapter vos stratégies de marketing et de vente en conséquence. Mais vous devez aussi quitter cette région de la peur et entrer dans un état de courage intelligent pour prendre des mesures calmes, raisonnées et courageuses.

Les seules personnes qui prospèrent pendant une récession sont celles qui ne se laissent pas affecter par les émotions et réagissent avec intelligence et sang-froid.

2) Maîtrisez mieux vos dettes.

Négociez une réduction des mensualités ou une prolongation des délais de paiement de vos prêts. Cela vous permettra de libérer des liquidités, dont vous aurez besoin pour stimuler votre marketing. Ce qui nous amène à la tactique suivante :

3) Améliorez votre marketing.

L'erreur la plus fréquente commise par les entreprises en période de récession est de réduire les investissements en marketing. Or, vous devez augmenter vos efforts de marketing ! Les gens prennent des décisions de dépenses plus lentes et probablement mieux informées, ils ont donc besoin de plus de persuasion et d'exposition à votre produit ou service, pas moins.

Assurez-vous que vos efforts de marketing et de publicité ciblent le marché approprié, communiquent le message approprié et utilisent les médias appropriés - et que vous testez et mesurez les résultats. Le reste, c'est du vent. Pour survivre à une récession, vous devez améliorer votre marketing.

4) Réduisez vos dépenses.

Dans votre vie quotidienne, vous devez vous demander : "Est-ce que j'en ai vraiment besoin, ou est-ce que je le désire seulement ?". Ne dépensez pour l'instant que pour les produits de première nécessité et réinvestissez les économies réalisées dans l'entreprise. Une fois que vous aurez constaté les premiers résultats positifs, vous pourrez vous offrir tout ce que vous désirez, et ce sera aussi beaucoup plus gratifiant !

5) Augmentez votre productivité et votre efficacité.

Développez une concentration digne d'un laser sur le flux de trésorerie, le flux d'affaires, la fidélisation des clients et la progression de la clientèle. Prenez la nouvelle habitude de vous concentrer uniquement sur les activités qui génèrent des revenus. Éliminez toutes les distractions et éliminez le superflu.

6) Envisagez et mettez en place "plusieurs flux de revenus".

Un seul est le pire chiffre dans le monde des affaires.

Pourquoi ? Supposons que vous dépendiez uniquement d'une entreprise, d'un client, d'un produit, d'un service ou d'une méthode de distribution. Dans ce cas, vous avez de sérieux problèmes si cette seule chose échoue : le départ d'un client clé, une publicité dans les journaux qui s'arrête soudainement, etc.

Réfléchissez à la manière dont vous pouvez diversifier vos canaux de commercialisation ou créer d'autres articles ou services qui complètent votre activité principale. Vous pouvez même envisager de créer des entreprises annexes qui ne demandent pas beaucoup de temps ou d'argent mais qui génèrent des revenus supplémentaires.

7) Concentrez-vous sur la création de relations avec vos consommateurs et vos clients.

C'est essentiel en tout temps, mais surtout en période de récession. Une relation solide incitera les clients à rester avec vous lorsque les temps sont durs. Le lien émotionnel l'emporte toujours sur le raisonnement rationnel. Veillez à ce que vos clients aient une impression favorable de vous et de votre organisation.

Comme il y a beaucoup de morosité dans le monde, les gens cherchent des choses qui les font se sentir mieux, surtout en période de récession. Par conséquent, établissez dès le départ un rapport positif avec vos clients et chaque nouveau prospect. Cela ne vous aidera pas seulement sur le plan financier, mais vous vous sentirez également bien!

Chapitre 4: Stratégies pour aider votre entreprise à traverser la tempête de la récession.

Biscayne Engineering Company, fondée en 1898, est la plus ancienne entreprise de la ville de Miami, avec une histoire qui s'étend sur plus de trois décennies. Son influence sur la partie sud-est de la Floride s'étend au nord jusqu'à Cap Canaveral. La Biscayne Engineering Company est une caractéristique durable de Miami.

Au cours de son histoire, Biscayne Engineering a traversé neuf récessions et la Grande Dépression. Dans ce contexte, nous avons interrogé le président de Biscayne, George Bolton, et les membres de son équipe de direction sur la stratégie de l'entreprise pour résister aux tempêtes. Quelles sont les méthodes employées par Biscayne Engineering pour survivre et prospérer pendant la récession?

Stratégie 1 : Administration.

Bolton est sans équivoque sur une stratégie de survie : la gestion est le point de départ de tout. Les entreprises ont besoin d'une gestion efficace en tout temps, mais surtout en période de ralentissement économique. Les gestionnaires doivent être au courant de ce qui se passe dans l'ensemble de l'organisation.

Pour s'en assurer, chaque département se réunit chaque semaine pour résumer le travail de la semaine précédente et définir les tâches de la semaine à venir. Chaque semaine, l'ensemble de l'équipe de direction se réunit pour faire le point sur la situation. Chaque superviseur connaît la charge de travail actuelle, les délais, le flux de travail et les perspectives de rentabilité. Aucune supposition n'est permise.

"Chaque personne est consciente de l'état de l'ensemble de l'organisation, et chaque superviseur est conscient des responsabilités de chaque membre de la section. Chaque responsable et superviseur est conscient de ce que chaque individu de chaque section est censé accomplir et de ce que chaque personne génère à la fin de la journée. Cela couvre le montant des revenus que chaque individu a généré et si cela a été suffisant. Bolton affirme : "Cela s'est déroulé comme un jeu".

"Cette question s'applique également aux individus. Tout tourne autour de la victoire", a déclaré M. Bolton. Lorsqu'il s'agit de promotions et d'augmentations de salaire, les performances passées d'une personne sont essentielles. En fin de compte, la question est de savoir si nous avons gagné ou perdu en tant qu'équipe."

Stratégie 2 : Propositions.

Les propositions sont l'un des rôles de gestion les plus importants. Les membres de la direction suivent le nombre hebdomadaire de propositions envoyées et le nombre de propositions converties en contrats. Chaque proposition qui n'a pas abouti à un contrat est analysée.

Ils suivent également les revenus et les dépenses. La direction fixe des objectifs mensuels pour le nombre de propositions. La direction et les employés recherchent quotidiennement de nouveaux prospects commerciaux, ce qui se traduit par des propositions et des contrats.

Stratégie 3 : Finances.

En période de récession, la finance est une autre fonction de gestion qui revêt une importance capitale. Pour rester compétitive sur le marché, une entreprise ne doit jamais être à court de liquidités. Une politique d'entreprise est en place pour s'assurer que cela ne se produise jamais : Ne jamais manquer de liquidités.

Pour rendre cette politique efficace, appliquez une règle simple tirée des pages de l'histoire : Économisez au moins 10 % de vos revenus. Bolton poursuit : "Il y a eu quelques périodes difficiles où nous avons puisé dans nos fonds, mais nous avons fini par les rembourser.

Nous préservons notre coussin de sécurité à tout moment. Si nécessaire, nous empruntons à la société, mais nous remboursons toujours. Nous ne sommes jamais à court d'argent." NOUS payons nos factures à temps. Les paiements tardifs entraînent des coûts sous la forme de frais de retard et d'intérêts courus. Payez toujours rapidement.

Une deuxième composante du plan consiste à suivre les revenus générés et les dépenses engagées pour chaque contrat. L'analyse financière ne doit pas être une science infuse, mais nous devons la réaliser.

La troisième composante de l'approche consiste à déterminer le montant des revenus générés traditionnellement chaque mois. Pour ce faire, nous notons sur un tableau les revenus de chaque mois pour les trois années précédentes.

La moyenne sur trois ans est un élément essentiel de la budgétisation et un outil de mesure.

Elle est utile pour estimer les besoins en revenus pour les mois à venir. Nous ajoutons un pourcentage d'augmentation à la moyenne de chaque mois pour fixer des objectifs. Ces chiffres servent de repères de gestion.

Stratégie 4 : Élargissez votre base.

Mike Bartholomew, vice-président des opérations, a été ajouté comme nouveau cadre. "De plus, notre clientèle est aussi diversifiée que possible. Nous trouvons que le fait d'avoir un grand nombre de petits clients nous aide à maintenir un flux de revenus plus constant pendant les périodes de ralentissement économique, par rapport au fait de travailler avec une poignée de clients importants."

Stratégie 5 : Planification.

La planification est une autre approche pour combattre la récession. Les entreprises innovantes planifient constamment, et notre plan tient toujours compte de la probabilité d'un ralentissement économique. Les récessions et autres situations délicates potentielles relèvent de la rubrique "Et si ? En outre, le plan prévoit des remèdes à ces situations.

Une fois par an, les plans de marketing et d'affaires sont révisés et mis à jour, et chaque trimestre, la direction procède à un examen ou à une analyse. Après l'évaluation, la stratégie passe au trimestre suivant. Observer le chiffre

La procédure en quatre étapes commence par la recherche.

Vient ensuite la planification, puis la mise en œuvre, et enfin l'analyse. Le cycle recommence ensuite avec le trimestre suivant. Le processus ne s'arrête jamais, et la direction est constamment informée lorsque quelque chose commence à mal tourner.

Stratégie 6 : Mise en commun des licences de logiciels.

Le regroupement de licences logicielles est une méthode intéressante pour économiser de l'argent. Il s'agit de conserver un pool de licences AutoCAD basé sur un serveur, que l'on peut emprunter selon les besoins. Cela permet d'éviter d'avoir un jeu pour chaque ordinateur, car certains utilisent occasionnellement l'application. L'entreprise peut ainsi fonctionner avec moins de permis, ce qui lui permet de réaliser des économies.

Stratégie 7 : Entretien et mise à niveau des équipements.

L'équipement est essentiel au succès de toute société de topographie ou d'ingénierie. Parmi les mesures de réduction des coûts mises en place chez Biscayne figure l'utilisation de la technologie. L'organisation met continuellement à niveau son équipement de terrain et de bureau, selon les besoins.

L'entretien mensuel des ordinateurs est bien moins coûteux que leur remplacement tous les trois ans. Un ordinateur peut survivre deux à trois ans de plus que d'habitude avec un entretien approprié.

L'entretien des véhicules est essentiel car il prolonge la durée de vie des voitures, qui constituent l'un des principaux actifs d'une entreprise. Acheter le carburant au prix le plus bas possible permet de réaliser des économies - les équipages desservent plusieurs lieux de travail dans le même voisinage.

Cela évite les allers-retours entre le bureau et les lieux de travail. L'entretien s'étend au personnel. Le maintien de la santé des employés est essentiel pour une production ininterrompue. L'organisation encourage un mode de vie sain et des examens médicaux annuels. Les employés qui perdent du poids et arrêtent de fumer sont récompensés.

Stratégie 8 : Détails mineurs.

Même des actions mineures, comme éteindre les lumières dans les lieux de travail abandonnés ou sous-utilisés, contribuent à la maîtrise des coûts. L'achat mensuel de grandes quantités de fournitures permet d'économiser de l'essence et de réduire les dépenses grâce à la remise sur le volume. La société emploie des agents de sécurité armés sur le terrain pour réduire et éliminer les coûts causés par les vols sur les sites de travail.

Stratégie 9 : Personnel.

Le programme "Developing Diversity" de Biscayne Engineering dispense une formation polyvalente aux techniciens afin qu'ils puissent changer de fonction, ce qui évite d'avoir recours à un deuxième employé. Cette méthode est illustrée par un technicien de scanner laser qui traduit les données du terrain et les traite au bureau.

L'ajout de personnes simplement compétentes et expérimentées est une méthode différente de réduction des coûts humains qui améliore la qualité du service. Les conditions d'emploi actuelles offrent un grand nombre de professionnels qualifiés. La stratégie consistant à mettre de l'argent de côté joue ici favorablement. Chez Biscayne, les licenciements sont un dernier recours et n'affectent jamais la qualité du service.

Stratégie 10 : Marketing.

Le marketing de Biscayne Engineering se poursuit malgré la récurrence d'une récession, ce qui est un fait accepté. "Selon Mike Bartholomew, vice-président des opérations, "nous avons le sentiment que l'équipe de direction dirige et engage tous les employés dans la campagne de marketing."

Cela inclut la définition d'objectifs et le suivi de notre progression vers chaque objectif. Cela implique de garder un œil sur nos dépenses et nos retours sur investissement. Cela implique également de lancer de nouveaux services et d'améliorer les services existants."

M. Bolton poursuit : "De nombreuses entreprises abandonnent leurs stratégies de marketing pendant les périodes économiques difficiles. C'est une erreur. Elles se retirent du marché, permettant à d'autres concurrents de prendre leur place. Nous voyons le marketing un peu différemment.

Nous ne le considérons pas comme le véhicule de vente de l'entreprise. Inversement, nous considérons nos services comme des véhicules pour nos efforts de marketing visant à acquérir de nouveaux clients. Cela place effectivement le marketing avant tout le reste, comme il se doit en période de récession. Nous faisons constamment de la publicité."

Stratégie 11 : Mise en réseau.

Bartholomew a mentionné que le réseautage fait partie de l'effort de marketing. Grâce au réseautage, nous acquérons de nombreux nouveaux clients. Depuis le début de la crise, le réseautage est devenu une activité beaucoup plus vitale. Bartholomew a déclaré : "Nous avons toujours travaillé en réseau, mais c'est maintenant essentiel."

La mise en réseau et l'adhésion à des organisations sont deux des meilleures stratégies pour dynamiser une entreprise. Le réseautage est extraordinairement rentable, et les cotisations annuelles pour adhérer à des groupes se situent souvent entre deux et trois cents dollars.

Les chambres de commerce, les groupes sociaux, les clubs sportifs, les clubs civiques et les organisations caritatives telles que United Way, Easter Seals et l'American Cancer Society sont de bonnes occasions de créer des réseaux et de rendre service à la communauté. Rejoignez l'une de ces organisations avec l'intention de contribuer plutôt que de recevoir. Une transaction commerciale réussie génère un fort retour sur investissement.

Savoir qu'un événement de réseautage n'est pas une chasse à la dinde est l'élément le plus essentiel du réseautage. Il s'agit plutôt d'une occasion de rencontrer de nouvelles personnes, de faire connaissance avec elles, d'établir des liens d'amitié et de confiance.

La transaction peut avoir lieu plus tard, ou ne jamais avoir lieu. C'est pourquoi vous avez besoin d'un réseau étendu. Construisez et entretenez votre réseau et saisissez toutes les occasions de recruter de nouveaux membres, y compris à la caisse de l'épicerie. Les personnes de votre réseau finiront par générer de nouvelles affaires substantielles pour vous. Cependant, vous devez donner pour recevoir.

Stratégie 12 : Expansion.

C'est le moment idéal pour les entreprises disposant de fonds ou ayant accès à des fonds d'envisager une expansion. Certaines entreprises ferment leurs portes, tandis que d'autres sont à court de fonds ; ces entreprises sont une source précieuse de nouvelles affaires. Biscayne Engineering a récemment acquis de nombreux spécialistes auprès d'une entreprise du comté de Miami-Dade dont le propriétaire est décédé.

À moins que vous ne soyez prêt à jeter l'éponge, ces tactiques peuvent vous aider à survivre à la récession et à adopter un état d'esprit de réussite qui vous permettra de gagner plus d'argent et d'atteindre une plus grande indépendance financière. Cela peut prendre du temps, mais c'est possible.

Chapitre 5: Les moyens de changer l'élan.

Lorsque les temps sont bons, vous êtes inconsciemment emporté par l'élan de la conjoncture favorable. Pendant ces périodes de prospérité, vous surfez sur les vagues. Vous pouvez concentrer votre pensée consciente sur les fruits à portée de main, les actions tactiques et les formidables opportunités disponibles sur le marché pour générer des résultats positifs et progresser.

Néanmoins, lorsque les temps sont difficiles, vous allez inconsciemment surfer sur la dynamique de ces temps difficiles. À moins que vous ne fassiez beaucoup d'efforts pour changer votre élan, les prochains mois ou années seront une véritable aventure. Actuellement, la folie peut être décrite comme "faire la même chose que vous avez fait dans les bons moments et s'attendre aux mêmes résultats dans les mauvais moments!"

Alors, quels sont les principaux outils de changement d'élan à votre disposition en ces temps difficiles?

Faites le deuil de vos pertes.

Prenez le temps de faire le deuil des temps prospères afin que rien ne vous empêche, consciemment ou inconsciemment, d'aller de l'avant. L'attachement au passé prospère ne peut que vous rendre pessimiste à l'égard du présent. Chaque génération traverse de multiples périodes de succès et de défis. Voici l'une des périodes difficiles auxquelles nous devons survivre dans ce cadeau que nous appelons la vie.

Changer l'espoir inactif en Espoir actif.

L'espoir passif est un premier pas essentiel sur le chemin vers des lieux meilleurs. Avec sa campagne présidentielle et ses messages, Barack Obama a aidé de nombreux individus à faire ce premier pas mental. Cependant, sur la base de mes observations de Barrack Obama, je peux garantir qu'il n'a jamais eu l'intention de nous faire aspirer passivement à un avenir meilleur. De nombreuses autres actions sont nécessaires pour transformer l'espoir passif en espoir actif.

Point de vue personnel.

J'ai déjà décrit comment je regarde le sport à la fois pour le plaisir et pour l'éducation. Pendant la saison de football universitaire, nous avons observé un exemple exceptionnel de prise de position d'un individu, qui a donné des résultats remarquables. Tim Tebow, quart-arrière de l'université de Floride, s'est exprimé lors d'une conférence de presse le 27 septembre 2008, à la suite de la défaite des Gators face à Ole Miss.

Il a exprimé des regrets, s'est engagé à améliorer et à concentrer ses efforts, et a souhaité à tout le monde un bon rétablissement. Le résultat de cette prise de position publique a été un championnat national de football universitaire pour les Gators de Floride!

Comprendre vos points forts et maximiser leur effet.

Les personnes qui réussissent se concentrent sur leurs points forts. Lorsque les temps sont difficiles, il n'y a pas de place pour l'erreur. Vous ne pouvez donc pas vous permettre de consacrer du temps, de l'argent ou des ressources à des initiatives, des projets ou des tâches qui ne correspondent pas à vos points forts. Créez dès aujourd'hui un plan d'action pour l'activation de vos points forts !

Arrêtez de faire chaque semaine une activité qui ne correspond pas à l'un de vos points forts. Investissez votre temps, vos efforts et vos ressources dans l'une de vos compétences. Fixez une date limite pour augmenter de 5 % l'activation de vos points forts. Poursuivez continuellement cet objectif. Atteignez-le, puis fixez-le à nouveau. 70 à 80 % de votre temps, de votre énergie et de vos finances devraient être consacrés à vos points forts.

Réévaluez les besoins de votre marché.

Les produits et services les plus performants offrent plus que de simples avantages pratiques. Ils répondent à des demandes plus profondes, plus émotionnelles, de la part des clients ou des consommateurs. Le ralentissement économique actuel a probablement modifié les exigences émotionnelles de vos clients ou consommateurs. Il serait préférable que vous réévaluiez les besoins de votre marché pour voir comment vous pouvez appliquer vos capacités pour satisfaire les besoins changeants du marché.

Les gens soutiennent généralement les entreprises et les prestataires de services qu'ils connaissent, apprécient et en qui ils ont confiance. Ils se montrent plus fermes dans les moments difficiles. Trouvez des moyens de vous positionner pour aller au-delà, et vous conserverez et développerez leur activité.

Envisager des possibilités de promotion stratégique.

Les limites permettent de se concentrer et stimulent la créativité. Les innovations réussies sont rarement le résultat de réflexions aléatoires. Cela aide l'esprit à s'ouvrir aux idées, mais les inventions les plus réussies se produisent lorsque les gens gèrent les limites opposées de la situation. Vous devez redéfinir votre environnement concurrentiel pour découvrir les chances cachées. Ensuite, vous devez déterminer comment tester de petits projets pour étudier ces opportunités.

Évaluez vos pratiques de gestion de l'énergie.

Le caractère du travail a évolué. La plupart des tâches ne sont plus gérées de manière appropriée par la seule utilisation efficace et efficiente du temps. Il en va de même pour la vitesse et l'influence du marché. Pour réussir, vous devez avoir des stratégies pour contrôler votre énergie et celle de votre organisation. Participez périodiquement au processus d'avancement stratégique.

Redéfinissez l'excellence de l'exécution et développez davantage de séances quotidiennes de concentration de haute qualité. Enfin, accordez-vous des intervalles de repos réguliers. Jack Welch a souvent déclaré qu'il avait ses meilleures idées lorsqu'il était en vacances ! Ayez confiance que la récupération récurrente vous sera bénéfique si vous vous engagez dans l'avancement stratégique et la qualité d'exécution.

Nourrissez souvent votre esprit de messages particuliers.

C'est important lorsque les médias vous annoncent des périodes difficiles. De plus, quels que soient les efforts que vous fassiez pour les éviter, vous risquez d'avoir davantage de conversations à tonalité négative pendant les périodes difficiles. Autant que possible, alimentez proactivement votre esprit avec des affirmations positives et des informations saines. Incorporez-les à votre routine !

Vous serez entraîné dans le tourbillon de négativité qui entoure notre récession actuelle si vous n'essayez pas consciemment de changer votre élan. Si vous les utilisez, les huit stratégies de changement d'élan décrites ci-dessus généreront un nouvel élan positif pour vous.

Sortez immédiatement votre agenda et mettez en œuvre au moins une de ces stratégies au cours de chacun des trente prochains jours. Vous serez surpris de voir à quel point votre vie sera différente après trente jours.

Chapitre 6: Réduire les coûts et augmenter les profits pendant la récession en transférant votre entreprise en ligne.

Pendant la récession mondiale de 2008-2009, les entreprises ferment leurs portes à un rythme alarmant.

Le principe de la "survie du plus apte" de Darwin est bien vivant. Les entreprises qui ne peuvent pas s'adapter à un environnement économique en constante évolution périssent. Vous pouvez profiter du fait que beaucoup de vos concurrents abandonnent et jettent l'éponge. En ces temps difficiles, vous devez faire de gros efforts et envisager de réduire les dépenses opérationnelles excessives.

À l'heure de la ruée vers l'or sur Internet, certains propriétaires d'entreprises astucieux recherchent des opportunités en ligne pour tirer profit de leur expertise ardue. Malheureusement, beaucoup risquent de découvrir qu'ils sont comme des enfants dans une nation d'adultes. Les technologies et les tactiques du marketing Internet ne s'apprennent pas en un mois, ni même en un an ; c'est un processus continu qui nécessite une attention ambitieuse.

En raison du faible coût de lancement et de maintien d'une activité sur Internet, la concurrence est généralement rude. Seuls les concurrents les plus aptes survivront et se développeront en ligne. Heureusement pour vous, l'homme d'affaires motivé et ambitieux, la plupart de vos concurrents seront laxistes dans leurs efforts de marketing, ineptes dans le suivi des clients et coupables de nombreux autres délits commerciaux.

Vous pouvez prospérer et survivre en ligne si vous êtes un concurrent plus en forme. Ce n'est pas le moment d'être ambigu sur vos objectifs ; les affaires sont faites pour gagner de l'argent, et vous devez être agressif et tenace en ces temps difficiles.

En établissant votre entreprise en ligne avec un état d'esprit proactif, vous acquerrez plus de connaissances et d'expertise en matière de marketing en ligne efficace que vos concurrents plus faibles. Lorsque les conditions économiques s'amélioreront, vos profits monteront en flèche, car vos excellentes bases et le travail acharné que vous avez fourni pour les établir seront évidents pour les nouveaux clients.

Le moment est idéal pour positionner votre entreprise en tant que leader du marché. C'est également un excellent moment pour lancer une toute nouvelle entreprise en ligne. Peu importe que vous n'ayez jamais eu d'entreprise auparavant ou que vous souhaitiez créer une entreprise totalement différente de votre activité hors ligne. Quelle que soit la façon dont vous avez vécu votre vie, il y a de fortes chances que vous ayez des connaissances et une expérience qui peuvent être appliquées pour gagner de l'argent.

Prenons le cas où vous êtes un réparateur de chaussures. J'ai été charpentier, mais j'en ai eu assez des longues heures et du travail physique. J'ai donc compris le point de vue du commerçant et j'ai décidé de chercher un autre emploi en ligne. Vous ne pouvez pas proposer efficacement la réparation de chaussures en ligne.

Vous pouvez vendre des matériaux, un livre ou une vidéo sur la façon de maîtriser cette compétence. Pourtant, pour gagner beaucoup d'argent en ligne, vous devez vous réinventer en tant qu'entrepreneur et adapter votre état d'esprit en conséquence.

Il existe de nombreuses possibilités de gagner de l'argent en ligne. Vous pouvez commencer à vendre un article en ligne, mais décider plus tard de faire quelque chose de plus rentable, comme générer des pistes et réaliser des ventes par téléphone. Le choix d'une ligne de conduite peut être assez difficile, mais vous devez choisir quelque chose et vous y tenir jusqu'à ce que vous compreniez comment vendre en ligne, après quoi vous pourrez appliquer ce que vous avez appris à d'autres entreprises.

En général, les moyens les plus lucratifs de générer de l'argent en ligne nécessitent des compétences techniques en tant que spécialiste du marketing ou un désir d'appeler des prospects. Si vous avez quelque chose de valeur à offrir, vous gagnerez à être accessible aux clients potentiels.

L'Internet n'est qu'un autre moyen d'entrer en contact avec les gens, pas un moyen de se cacher des clients et de limiter l'engagement. Plus votre marketing est accessible, plus vous êtes susceptible de faire des affaires sur Internet.

Chapitre 7: Prendre le contrôle de votre entreprise en période d'incertitude.

Les gens sont anxieusement conscients des immenses problèmes mondiaux, nationaux et personnels auxquels nous sommes confrontés partout où vous regardez : journaux, revues, télévision et blogs. On a beaucoup écrit sur la morosité à laquelle nous sommes tous confrontés. Les gens sont confrontés au stress dans toutes les facettes de leur vie, et nous avons mis l'accent sur "la crise" à l'échelle nationale.

Malgré tout, il existe un fil conducteur d'espoir. Lorsque les institutions et les organisations échouent, sont déconstruites ou sont obligées de se réformer, des possibilités apparaissent qui peuvent créer des opportunités nouvelles et améliorées. Sous la surface de la peur se cache une base solide d'expériences "possibles".

Il en ressort un message de "oui, nous pouvons" et des domaines de possibilités en hausse liés à l'action. Intellectuellement, nous savons que même les pires moments sont cycliques et que les creux les plus bas finissent par laisser place à de nouvelles périodes d'expansion.

Andrew Carnegie a créé son usine sidérurgique au début de la récession de 1873, et IBM a introduit l'ordinateur personnel pendant la récession de 1981, comme en témoigne l'histoire.

Les préoccupations les plus importantes de chacun sont les suivantes:

- Que puis-je faire pour prospérer, et pas seulement survivre, pendant cette période ?

- Quelles mesures puis-je prendre pour me positionner en vue du redressement à venir?

La première étape consiste à faire monter les bonnes personnes dans le bus. En ces temps difficiles, de nombreuses personnes essaient sans aucun doute de monter dans le bon bus qui offre la sécurité et un abri contre la tempête qui approche.

Oui, certaines personnes se contentent d'attendre le bus en espérant désespérément monter dans un bus décent.

D'autres, cependant, ne se contentent pas d'attendre ; ils n'ont aucun intérêt à être sauvés. Ils cherchent à prendre la place du conducteur. Ils souhaitent déterminer l'itinéraire et faire fonctionner le bus ; cette page s'adresse aux conducteurs.

Les conducteurs ont l'assurance et la détermination nécessaires pour choisir l'itinéraire, surmonter les obstacles et insuffler un sentiment de sécurité et de confiance à leurs passagers. Ils avancent avec confiance et détermination, en se concentrant sur ce qui sera plutôt que sur ce qui aurait pu être.

Nielsen a découvert que les entreprises qui ont maintenu ou augmenté leurs activités de marketing et de vente tout au long des années 1980 ont connu un taux de croissance de 275 % cinq ans après la récession. Celles qui ont réduit leurs dépenses n'ont connu qu'une augmentation de 19 % au cours de la même période.

Les conducteurs sont tenus de garder les deux mains sur le volant dans les moments difficiles. Une étude de la littérature sur la manière de prospérer en période de tempête indique que l'intensité managériale implique une "excellente gestion de la trésorerie" et une "amélioration des performances" (élimination des activités sans valeur ajoutée). On pourrait toutefois faire valoir que ces techniques devraient déjà être répandues.

Faire participer les employés est l'une des compétences essentielles à acquérir pour prospérer en période difficile. Au lieu de les abandonner comme un passif, utilisez leur capital intellectuel et leur expertise opérationnelle pour découvrir les méthodes les plus efficaces pour gérer les flux de trésorerie et éliminer les gaspillages.

En d'autres termes, évitez de les traiter comme de simples spectateurs et soulignez plutôt qu'ils ont un intérêt dans le résultat. En outre, ils peuvent apporter de la valeur en apportant leurs perspectives distinctives et leurs ressources intellectuelles.

Pfizer a réduit les inefficacités en divisant ses départements de recherche et d'affaires en équipes plus petites, leur accordant une plus grande responsabilité et une plus grande propriété sur leur travail et leurs produits. L'infusion de ces "gènes de l'esprit d'entreprise" dans ses équipes a permis d'accroître la créativité et l'invention et d'améliorer la production et le moral.

Comme toute autre circonstance de la vie, le succès est le produit de notre perception des choses. Tout ce qui existe a commencé par une idée qui s'est concrétisée par une action.

Nous trouvons deux camps lorsque nous discutons du scénario actuel avec des collègues, des clients et des propriétaires d'entreprise.

Il y a deux groupes : "Fermez les écoutilles" et "Soyez prudemment proactifs". Nous identifions les points communs suivants parmi les personnes proactives :

1. Travailler de l'intérieur vers l'extérieur.
2. Établir des partenariats stratégiques.
3. Être actif plutôt que passif.

1. Travailler de l'intérieur vers l'extérieur.

Ce à quoi vous pensez, individuellement ou collectivement, influence votre état émotionnel, car vos émotions déterminent votre comportement. En vous concentrant sur la gestion proactive de votre "état mental" ou de vos attitudes, vous pouvez influencer favorablement les résultats que vous obtenez. En outre, en tant que leader, votre capacité à projeter une attitude de gratitude et d'abondance est un exemple à suivre pour les autres.

En tant que dirigeants, vous avez chaque jour, à chaque instant, la possibilité de motiver ou de démoraliser les personnes sur lesquelles vous comptez pour concrétiser votre vision. Utilisez ces occasions à bon escient.

2. Alliances stratégiques.

Développez des partenariats stratégiques avec des organisations et des personnes qui partagent les valeurs et les objectifs de votre organisation. Dans la culture occidentale, le Lone Ranger, Michael Jordan et Superman sont romancés ; néanmoins, ils avaient chacun au moins deux acolytes.

La diversité et l'interconnexion sont les sources de l'innovation. Les alliances encourageant la collaboration génèrent des opportunités d'accroître votre sphère d'influence ou d'apporter un éclairage précieux sur des situations familières.

La coopération et l'innovation sont bien plus propices à la réussite que l'effort individuel et la compétition du type "le vainqueur emporte tout".

Avant de disparaître, Studs Turkel a fait remarquer que deux facteurs ont aidé les gens à survivre à la Grande Dépression : l'optimisme et l'entraide. Dans des circonstances difficiles, la qualité des personnes qui vous entourent est vitale, assurez-vous donc que le bus contient les passagers appropriés.

3. Participer à des activités.

Lorsque les choses se compliquent, il est trop facile d'être paralysé par l'indécision ; pourtant, le moment est venu de prendre des décisions. Développez un objectif positif et clair comme de l'eau de roche, communiquez vos convictions et vos objectifs aux autres, élaborez une stratégie et mettez-la en œuvre. L'action transforme nos désirs en résultats.

Steve Jobs, PDG d'Apple, a déclaré ce qui suit : "Lorsque la bulle Internet a éclaté, j'ai promis à mon entreprise que nous allions investir pendant la récession plutôt que de licencier les employés que nous avions eu tant de mal à recruter pour Apple et que nous allions maintenir le financement de sorte qu'à la fin de la récession, nous aurions une longueur d'avance sur nos concurrents.

C'est ce que nous avons fait. C'est ce que nous allons accomplir cette fois-ci". Apple continue de lancer de nouveaux produits alors que d'autres entreprises annoncent des licenciements.

Lorsqu'on examine les conseils des "experts", les thèmes prédominants sont "resserrer les rangs" et "se serrer la ceinture". À première vue, cela semble d'une logique raisonnable.

Néanmoins, deux problèmes découlent de cette théorie. Le premier est qu'au moment de la croissance et de l'expansion, il est difficile de passer d'une mentalité de "maintien du fort" à une mentalité de croissance et d'expansion.

Le second est que pendant que vous vous développez, les concurrents qui ont donné la priorité à la culture organisationnelle, à l'efficacité et à l'innovation auront une bonne longueur d'avance sur vous pour prendre des parts de marché et proposer de nouveaux produits et services à leurs consommateurs (et à beaucoup de vos "anciens" clients).

Bien que nous ne soyons pas économistes, nous sommes d'accord avec le professeur Sean Snaith de l'Université de Floride du Sud, comme le déclare l'Associated Press : "Si vous surestimez les inconvénients et licenciez des travailleurs, l'entreprise sera désavantagée lorsque l'économie se redressera." Le recrutement, le choix et l'intégration de nouveaux employés peuvent être plus coûteux que la préservation de vos actifs intellectuels.

Il est temps de monter dans le bus de l'avenir, et non d'attendre la tempête. Si vous attendez des conditions favorables pour agir, vous risquez de découvrir que le bus est déjà parti sans vous. Plus encore, il est temps de prendre les choses en main et de donner le ton en cultivant des attitudes internes de gratitude et d'abondance, en développant des alliances qui facilitent votre progression vers l'avenir que vous souhaitez et en agissant immédiatement.

Chapitre 8: Comment la publicité peut augmenter vos profits pendant une récession.

En période de récession, il est courant que les responsables marketing hésitent à augmenter les dépenses publicitaires. Des réductions budgétaires sont à prévoir. Pourquoi investir des fonds publicitaires si personne n'achète ? Nous traversons une période économique difficile. Les États-Unis ont connu neuf récessions depuis la Seconde Guerre mondiale.

Cinq d'entre elles ont eu lieu entre 1980 et 2009. Aussi négatif que cela puisse paraître, il y a un côté positif : les consommateurs dépensent généralement 9 % de plus vers la fin d'une récession qu'au début. Bien que, techniquement, nous ne soyons pas en récession, les prospects qui essaient d'économiser de l'argent sont plus susceptibles de changer de marque lorsque les finances se resserrent.

Des centaines de recherches ont indiqué que le maintien ou l'augmentation de la publicité pendant les périodes de ralentissement économique est avantageux pour les spécialistes du marketing. Cela semble contre-intuitif, mais des recherches menées dès les années 1920 le confirment. En revanche, les entreprises qui réduisent leur publicité pendant ces périodes sont généralement confrontées à une baisse des ventes. Quelques exemples :

- Deux cents entreprises ont été suivies pendant le marasme de 1923. Selon la Harvard Business Review, les entreprises qui ont fait le plus de publicité pendant cette période ont connu la plus forte croissance des ventes.

- Pendant les récessions de 1948-1949, 1953-1954, 1957-1958 et 1960-1961, Buchen Advertising a surveillé la corrélation entre les dépenses publicitaires et les ventes. Les chercheurs ont découvert que les entreprises qui ont réduit leurs dépenses publicitaires ont connu une réduction de leurs revenus.

Lorsque la récession a pris fin, ces entreprises se sont retrouvées derrière leurs rivales, qui avaient maintenu leurs budgets publicitaires.

- Au cours des années 1980, McGraw Hill Research a analysé 600 entreprises B2B. Les entreprises qui ont maintenu ou augmenté leur budget publicitaire pendant les récessions de 1980 et 1981-82 ont connu une forte croissance pendant et au cours des trois années suivantes.

En 1985, ces entreprises s'étaient développées de 256 % de plus que celles qui n'avaient pas maintenu leur budget publicitaire ! De même, le Center for Research and Development a constaté que les annonceurs agressifs ont augmenté leur part de marché 4,5 fois plus vite que ceux qui ont réduit leurs dépenses publicitaires pendant la reprise post-récession.

- En 2003, les professeurs Kristina Franberger et Roger Graham ont évalué 2 662 entreprises sous l'égide du Marketing Science Institute. Ils ont découvert que des dépenses publicitaires plus importantes pendant une récession sont non seulement efficaces mais contribuent également aux performances financières jusqu'à trois ans après la fin de la crise.

Une qualité de produit ou de service médiocre ou des communications marketing inefficaces annuleront toute amélioration. Donc, pour aider votre entreprise à prospérer pendant les ralentissements du marché :

- Développez ou, au minimum, maintenez votre campagne publicitaire. Si vos concurrents réduisent leurs efforts, votre message sera plus perceptible.

- Maintenez la fraîcheur de votre site Web et assurez-vous que vos produits et services sont à jour.

- Utilisez l'optimisation des moteurs de recherche pour améliorer le classement des moteurs de recherche.

- Utilisez les possibilités de marketing social pour étendre votre présence sur Internet.

- Ne faites pas d'économies sur les dépenses de création et de production. N'oubliez pas que votre image se reflète dans les valeurs de production de votre publicité.

- Élaborez un plan de marketing avec votre agence pour éviter de gaspiller l'argent de la publicité.

- Préservez et affinez l'image et le message de votre marque. Tous les médias doivent fonctionner en synergie pour produire un effet cumulatif.

- C'est peut-être le moment idéal pour profiter de la réduction des prix des annonces, ce qui permet une fréquence et une exposition plus importantes.

Pour maintenir votre présence et entretenir des relations avec vos clients et prospects, vous devez continuer à les contacter. Si vous ne le faites pas, les concurrents le feront.

En période de ralentissement économique, il est judicieux pour votre entreprise d'accroître ses efforts publicitaires. Réfléchissez bien à la question. Demanderiez-vous à votre équipe de vente de rester à la maison pendant une baisse des ventes ? Bien sûr que non. Vous les inciteriez à créer de nouvelles entreprises en travaillant plus dur et plus intelligemment.

Chapitre 9: Comment augmenter vos revenus grâce au marketing de réseau, même en période de récession.

La récession a nui aux organisations de marketing de réseau et aux autres entreprises à domicile. En effet, le nombre d'opportunités disponibles a diminué, et les marchés existants sont devenus sursaturés et concurrentiels.

Cela souligne l'importance de développer une marque d'entreprise dynamique pour continuer à fonctionner en ligne. Si vous trouvez le plan de marketing de réseau idéal, votre organisation peut être en mesure de s'emparer d'une part plus importante du marché, tandis que les concurrents sont contraints de réduire leurs efforts.

L'image de marque comme méthode.

Vous pouvez déjà être conscient de l'importance de la marque d'une entreprise. C'est ainsi que votre entreprise peut se distinguer de ses rivaux. Une marque se compose de divers éléments ou qualités que les clients et les prospects associent à votre entreprise.

Ces attributs peuvent être bénéfiques ou néfastes et affecter le volume des ventes de votre entreprise. La stratégie de marque n'est pas souvent la première approche marketing envisagée par les spécialistes du marketing, mais elle est essentielle si vous voulez réussir en période de récession.

Caractéristiques essentielles de votre marque.

Votre marque doit inspirer les clients. Si elle ne parvient pas à capter leur intérêt et leur imagination, elle n'aura pas de succès. De plus, elle gaspille l'argent du marketing. Vous devez comprendre comment votre marque répondra aux besoins des clients ou comment elle surpassera ses concurrents et obtiendra le succès.

Le mieux serait d'avoir une marque distinctive et facile à expliquer. Si vous pouvez leur démontrer en quoi votre marque est unique et pourquoi ils devraient faire affaire avec vous plutôt qu'avec un concurrent, alors vous avez quelque chose.

N'oubliez pas l'importance de développer une proposition de vente unique (USP) car c'est elle qui détermine cette qualité. Vous devez également accentuer l'attrait de votre produit ou de votre entreprise et le présenter sous le jour le plus favorable possible.

La confiance est essentielle pour établir de bonnes relations commerciales avec les prospects et les clients. Vous voulez qu'ils se sentent à l'aise. Sinon, ils risquent de partir. La récession a rendu les clients beaucoup plus craintifs et appréhensifs que par le passé. Ils sont davantage préoccupés par la manière et le lieu de leurs dépenses.

Si vous pouvez être sincère et personnel dans vos interactions, vous aurez plus de succès que si vous utilisiez l'approche de la vente agressive. Maintenez la pertinence de votre marque. Si vous pouvez démontrer la pertinence de votre marque dans la vie du client, vous pourrez surmonter des difficultés telles que les contraintes financières et les influences culturelles spécifiques.

En utilisant la marque comme approche de marketing de réseau, vous pouvez accroître l'efficacité de votre entreprise dans le climat économique actuel. C'est l'une des nombreuses mesures qui peuvent être prises pour rendre votre entreprise plus robuste.

Vous pouvez vous adapter plus efficacement aux changements du marché en faisant des recherches sur la situation économique. Vos efforts en matière de marketing de réseau peuvent prospérer si vous prenez le temps d'agir intelligemment.

L'apprentissage des techniques de marketing de réseau les plus modernes est un bon point de départ, mais vous devez en savoir beaucoup plus pour préserver votre avenir financier.

Chapitre 10: Utilisez les téléséminaires pour mettre votre entreprise à l'abri de la récession.

Il est étonnant de constater le nombre d'options authentiques qui existent pour gagner de l'argent sur Internet. Vous pouvez vendre des eBooks, des eReports, des services de coaching, des téléséminaires et d'autres produits numériques.

Les téléséminaires sont l'un de mes préférés (et les plus rentables). Les téléséminaires sont essentiellement des sessions de formation qui se déroulent par téléphone ou par webcast. Avec les progrès de la technologie, les téléséminaires sont devenus l'une des méthodes les plus populaires de formation commerciale et de promotion de produits.

L'avantage le plus important des téléséminaires est que les participants ne sont pas obligés de se déplacer. Vous pouvez organiser des téléséminaires ou y participer depuis presque n'importe où, y compris depuis votre domicile, votre entreprise ou à l'autre bout du monde, et vous pouvez réaliser des bénéfices substantiels.

Avantages des téléséminaires.

Vous ne devez pas quitter votre bureau pour participer à une session de formation. Contrairement aux cours de formation traditionnels où le temps de déplacement devait être pris en compte, la perturbation de votre journée est minime. À l'heure prévue, il vous suffit d'être devant votre téléphone ou votre ordinateur avec une connexion Internet rapide et fiable (en utilisant Skype ou VOIP).

Comme indiqué précédemment, vous n'avez pas à vous déplacer. Vous disposez donc de suffisamment de temps pour effectuer d'autres tâches ou préparer le téléséminaire. L'anxiété liée au voyage et à l'arrivée à l'heure est éliminée.

Comparé à d'autres moyens d'enseignement ou de publicité pour une entreprise, le coût de l'organisation ou de la participation à un téléséminaire est exceptionnellement rentable.

Les téléséminaires durent souvent entre 30 et 90 minutes. Ils sont donc incroyablement ciblés et vous pouvez obtenir de nombreuses informations immédiatement applicables.

La plupart des téléséminaires comprennent une session de questions-réponses. Les participants peuvent obtenir des réponses rapides à divers problèmes qui se posent dans une situation professionnelle. L'expérience des autres vous apprend quels sont les pièges à éviter.

Participer à un téléséminaire dont l'orateur vedette n'est pas engageant et utilise du jargon tout au long de l'appel est l'un des principaux points négatifs.

Chapitre 11: Stratégies de marketing que vous pouvez mettre en œuvre en période de récession.

La récession est maintenant "arrivée" Comment les petites entreprises se sentent-elles parce que les grands détaillants comme Walmart, Target et d'autres ont connu des difficultés ? À l'heure actuelle, les propriétaires d'entreprises sont anxieux, ce qui est compréhensible. Quelles mesures doivent-ils prendre non seulement pour survivre mais aussi pour se développer dans le contexte actuel de ralentissement économique ?

Alors que les médias ne cessent de relater la situation critique des entreprises, je ne peux m'empêcher de penser que la récession est le moment idéal pour survivre et prospérer.

Ce n'est ni un "problème" ni une "catastrophe", mais plutôt une opportunité.

Par conséquent, en tant que propriétaire d'entreprise ou entrepreneur, vous devez comprendre quelles mesures vous devez prendre pour vous assurer de tirer parti de cette possibilité.

C'est simple. RENFORCEZ vos liens avec vos clients ou consommateurs.

Ce n'est pas sorcier, mais de nombreuses entreprises ne le font pas ou le font mal !

Le fait de développer des relations durables avec vos consommateurs ou vos clients grâce à une communication cohérente aura un impact significatif sur votre activité et vos revenus. Réfléchissez à la manière dont vous pouvez faire de chaque transaction une expérience agréable et mémorable, en proposant à votre consommateur ou client différentes options d'achat et de nouvelles techniques pour l'aider à décider d'acheter chez vous.

Il ne s'agit pas de dire que personne ne le fait déjà, mais de nombreuses entreprises ne sont pas axées sur le client.

Par exemple, l'une de mes premières entreprises était un simple revendeur basé sur un site web où les clients pouvaient acheter et commander des produits. Un fournisseur en arrière-plan traitait alors automatiquement leur commande, en s'occupant de tout.

Je communiquais avec mes clients par le biais d'e-mails de réponse automatique. L'ensemble du processus s'est déroulé sans aucune intervention de ma part, mais ce qui a fait la plus grande différence dans l'augmentation des ventes et des revenus, c'est lorsque j'ai remercié chacun de mes clients pour leurs commandes par téléphone.

J'appelais une fois de plus pour confirmer que le client était satisfait des marchandises fournies. Ces simples et brefs appels de courtoisie créaient une impression immédiate sur les consommateurs et amélioraient immédiatement leur valeur à vie pour moi.

Prendre quelques minutes pour appeler chaque client était un petit détail que j'ai ajouté à un processus d'achat déjà efficace, mais en étant proactif. Le fait d'être aux commandes a grandement influencé mon activité et m'a permis de me démarquer de la concurrence.

Les gens m'ont dit que cela ne valait pas la peine de faire cela, mais vraiment ? Ne vaut-il pas la peine d'appeler une personne qui vous a versé une somme importante pour lui exprimer sa gratitude ? Même si cette technique génère 1 %, 5 % ou 10 % de ventes supplémentaires grâce aux consommateurs qui reviennent, elle doit en valoir la peine. 10 façons de maintenir les ventes et de développer votre entreprise

Voici quelques méthodes de marketing que vous pouvez mettre en œuvre immédiatement pour protéger votre entreprise de la récession.

1. Communiquez souvent avec votre base de clients actuels. Pour qu'une relation commerciale s'épanouisse, une communication constante doit être établie.

Vous ne pouvez pas espérer créer des relations intimes avec ceux qui ont peu d'interaction. Vos meilleurs amis sont vos meilleurs amis parce que vous communiquez le plus avec eux ; il en va de même pour les affaires.

Il est essentiel d'établir une relation avec vos clients par une communication constante. Aidez-les, faites-leur sentir qu'ils sont importants, répondez à leurs besoins et faites de votre mieux pour satisfaire leurs exigences.

Lorsque vous agirez ainsi, ils feront naturellement affaire avec vous.

Les clients doivent être au centre de vos messages de vente.

Le fait de suivre et d'analyser les achats de vos clients vous permettra de personnaliser vos communications en fonction de leurs exigences et de leurs préférences.

Amazon est l'exemple idéal d'une entreprise axée sur le client. Lorsque vous achetez un livre, on vous présente d'autres livres que les acheteurs précédents de ce livre ont également achetés, et je suis prêt à deviner que vous avez parfois acheté plus de livres que prévu.

2. Augmentez l'efficacité de votre marketing pour attirer de nouveaux clients ; Comment contactez-vous votre public cible ? Existe-t-il d'autres canaux par lesquels vous pourriez atteindre des clients potentiels ? Les opportunités existent ; il suffit de les identifier et d'en tirer parti.

Si vous découvrez qu'un aspect de votre approche marketing est plus efficace que les autres, par exemple lorsque vous passez une annonce dans un journal, concentrez-vous sur la maximisation de l'efficacité de cet aspect. Utilisez cet avantage pour obtenir de nouveaux clients.

3. Développez des partenariats d'alliance. Cette stratégie est abordable et peut donner des résultats rapides pour votre entreprise. Nombre d'entre elles ont connu une croissance fulgurante grâce à des accords hôte-bénéficiaire avec des entreprises de diverses régions.

4. Demandez des références à vos clients. Les références produisent des ventes, une méthode très efficace que de nombreuses entreprises ne mettent pas en œuvre.

À un moment donné de votre relation avec le client, offrez-lui quelque chose de valeur s'il recommande un collègue ou un ami. Peut-être un cadeau ? Une remise en argent ?

Vous n'avez pas à vous soucier de demander des recommandations ; tant que vous savez que vos clients sont effectivement satisfaits de vos services, ils seront plus que disposés à vous recommander.

Demander leur avis n'est jamais un problème, car ils se sentiront honorés que vous accordiez de l'importance à leur opinion.

Alors comment demander ? C'est simple. Informez-les que vous êtes en pleine expansion et que vous pouvez accueillir d'autres entreprises. Avant de faire de la publicité pour de nouveaux consommateurs, vous avez offert votre disponibilité aux amis et collègues de votre clientèle actuelle par courtoisie.

Ensuite, demandez-leur de vous contacter s'ils connaissent quelqu'un qui pourrait bénéficier de votre haut niveau de service et de votre attention personnalisée. En guise de remerciement pour leur recommandation, offrez-leur une prime qui leur montrera à quel point vous les respectez.

Organisez un événement exclusif qui intéresse votre marché cible et dont il verra immédiatement la valeur.

Quel que soit le type d'entreprise, il existe d'innombrables possibilités de planifier un événement spécial pour attirer de nouveaux consommateurs.

Si l'entreprise a un produit qui peut faire l'objet d'une démonstration, il faut le montrer. Sinon, mettez-le à la disposition des visiteurs. Si quelque chose peut être testé, permettez aux prospects d'en faire l'expérience.

Vous vous trompez si vous pensez que l'organisation d'un événement pour votre entreprise est impossible. Vous devez être prévoyant et développer un concept original pour promouvoir votre entreprise lors d'un événement. Développez votre imagination et imaginez quelque chose que le prospect trouvera fascinant et précieux.

5. Obtenez des listes d'adresses de prospects qualifiés : Vous pouvez rapidement établir une base de données clients et augmenter les ventes si vous avez accès à des prospects ciblés.

Par exemple, l'un de mes clients est un thérapeute spécialisé dans les soins naturels. Je lui ai demandé d'envoyer un message à une liste de diffusion de "prospects chauds" qui avaient acheté des traitements similaires au cours de l'année précédente. Dans la lettre, elle les invitait à une soirée gratuite au cours de laquelle ils pouvaient essayer les différents traitements.

Ensuite, chaque participant recevait un bon pour une séance à prix réduit et un traitement gratuit de 10 minutes. Ils pouvaient utiliser cette réduction immédiatement après la séance gratuite, ou prendre rendez-vous à une date ultérieure. Les participants ont réagi positivement, et un pourcentage important d'entre eux sont devenus des clients réguliers de mon client.

6. Proposez à vos consommateurs différents modes de paiement : Cela permettra à vos clients de gérer leurs finances en leur permettant de payer sur un nombre prédéterminé de semaines ou de mois. Vous pourriez anticiper une augmentation de la réponse à ces modalités de paiement pour les billets

coûteux. C'est aussi une méthode pour recevoir des paiements récurrents.

7. Éliminez le danger en offrant une assurance de "rachat" ; Lorsque les consommateurs dépensent leur argent durement gagné, en particulier des sommes importantes, ils craignent de le perdre, surtout dans le contexte économique actuel.

Vous devez donc réduire leur inquiétude en offrant une garantie de remboursement.

8. Testez. Testez. Testez. Testez à nouveau. Tester encore un peu. Ai-je également mentionné les tests ?

De nombreuses organisations exécutent leurs initiatives de marketing en croyant à tort qu'elles savent ce qu'elles font alors qu'elles n'en ont aucune idée. Elles peuvent dépenser des centaines ou des milliers de livres en marketing, mais il est difficile de déterminer ce qui fonctionne et ce qui ne fonctionne pas si elles ne suivent pas et ne testent pas les conséquences de chaque mouvement.

Chaque entreprise devrait examiner l'efficacité de chaque aspect de sa campagne de marketing, y compris les titres, les dépliants, les offres spéciales, les choix de paiement et les garanties.

Les tests permettront d'optimiser les performances de votre entreprise. Les clients vous feront savoir si quelque chose est efficace ou non en fonction de leur réaction.

Chapitre 12 : Transformer le passif en actif.

Onze mois après le début de la précédente récession, lorsqu'elle a enfin été reconnue, de nombreuses entreprises et personnes ont changé d'orientation, passant de l'expansion à la survie. Ce changement était nécessaire, mais il était loin d'être suffisant pour réussir en ces temps difficiles.

Chaque entreprise et chaque individu aurait dû se concentrer sur des réformes drastiques et radicales pour assurer sa survie au cours des trois prochaines années, tout en redéfinissant simultanément ses modèles d'entreprise organisationnels, personnels et familiaux !

Vous vous en sortirez d'autant mieux que vous abandonnerez rapidement l'idée que le monde finira par revenir à la normale (antérieure). Le monde subit une profonde transformation, et votre mode de vie doit en faire autant.

À cause d'individus corrompus par l'appât du gain, nous ne pouvons plus compter sur nos patrons pour diriger des entreprises rentables qui fournissent une valeur à court et à long terme au marché sans prendre de mauvaises décisions flagrantes.

Nous ne pouvons pas non plus compter sur nos voisins pour vivre selon leurs moyens sans succomber à l'avidité et aux attitudes d'assistanat qui les poussent à la saisie et ont un effet dévastateur sur la valeur de nos quartiers. Dans cette économie désordonnée et instable, nous ne pouvons pas compter sur le travail d'une journée pour fournir des fonds suffisants pour supporter les coûts d'un style de vie confortable.

Avec des pertes d'emplois qui continuent d'augmenter au début de l'année 2009 et un taux de chômage qui n'a jamais été aussi élevé depuis 25 ans, il est évident que le monde subit d'importants bouleversements. Selon des chiffres récents, 2 millions d'emplois ont été perdus au cours des trois premiers mois de 2009 et 5,1 millions d'emplois ont été perdus depuis 2008.

Alors, que devons-nous faire?

Nous devons adhérer pleinement à l'éducation financière promue par la série Rich Dad de Robert Kiyosaki au cours des douze dernières années. Toutefois, nous devons l'adopter de manière originale. Pour améliorer notre patrimoine, il ne suffit pas de jouer aux jeux de l'immobilier et des portefeuilles d'investissement ; la récession économique actuelle a même mis à mal ces derniers.

Il ne suffit pas non plus de considérer uniquement la manière dont nous créons des revenus d'une part et la manière dont nous dépensons l'argent d'autre part. Oui, un actif est quelque chose qui met de l'argent dans nos poches, et un passif est quelque chose qui retire de l'argent de nos poches.

Cependant, nous ne vivons plus à l'ère industrielle où l'actif et le passif sont des entités totalement distinctes pour le bilan. À l'ère de la connaissance et de l'information, nous pouvons découvrir ou créer de nombreuses stratégies pour accroître nos actifs, limiter nos dépenses et, surtout, transformer nos passifs en actifs.

Il s'agit là d'un changement fondamental, nécessaire à la survie en période difficile. Plutôt que de vous contenter de maximiser vos possibilités de générer des revenus et de réduire vos dépenses en ces temps difficiles, réfléchissez à la manière dont vous pouvez transformer vos dépenses en possibilités de générer des revenus.

Chapitre 13: Directives de vente contraires pendant une récession.

Lorsque les inquiétudes concernant la détérioration de l'économie sont diffusées sur les ondes, la première réaction est d'agir. La réponse typique des entreprises est de se contracter en boule. Le plan consiste à se laisser tomber et à se cacher jusqu'à la fin de la récession, peu importe le temps que cela peut prendre.

Les entreprises qui suivent l'approche contre-intuitive consistant à maintenir le cap de manière agressive et à vendre plus, et non moins, découvriront que le paysage de la concurrence est principalement dépourvu des coupables traditionnels.

L'état d'esprit des vendeurs pendant une récession est identique à celui de l'été. Comme les vendeurs pensent que tout le monde est en vacances, ils ne font pas d'appels. De même, ils pensent que personne n'achète pendant une récession et ne passent pas d'appels de vente. Ceux qui passent des appels téléphoniques réalisent des ventes.

Pour que les ventes résistent à la récession, il faut adopter une mentalité contre-intuitive.

Vos pensées vous disent peut-être de fuir, mais si vous avez le courage d'aller de l'avant pendant cette période, vous constaterez que vous avez plus de chances de générer des ventes.

Voici cinq recommandations pour survivre à une crise économique et peut-être prospérer:

Règle des ventes et du marketing : Une récession est un moment propice pour tester vos compétences en matière de vente et de marketing. L'idée est de continuer avec ce que vous savez être efficace.

Investissez dans l'apprentissage : Ceux qui ont un savoir complet n'ont rien à apprendre. C'est un moment fantastique pour adopter un point de vue nouveau pendant une récession. Comment pouvez-vous apporter des améliorations ? Un service à la clientèle plus intelligent ?

Tentez le coup de poker : Pourquoi ne pas opter pour l'or ? C'est le moment d'être audacieux et de rechercher les grands comptes auxquels vous n'auriez jamais fait appel en période d'expansion. On ne peut jamais prévoir ce qui peut se passer. Il n'y aura probablement pas beaucoup de concurrence.

Creusez plus profondément : Lorsque les clients sont prospères et que vous contribuez à leur succès, cherchez d'autres occasions d'y contribuer davantage. Pensez de façon créative et amusez-vous davantage ; essayez de nouvelles idées.

Acceptez le changement : La plupart des entreprises acceptent la prémisse de la grande méchante récession ; avant même de s'en rendre compte, le loup est chez grand-mère ! Acceptez cette période, et vous vous en sortirez mieux que prévu pendant la récession.

Si vous maintenez votre cap actuel, vous progresserez encore plus. Pendant une récession, il est préférable de se démarquer de la masse.

Chapitre 14: Comment le marketing basé sur la localisation peut aider votre entreprise à survivre à la récession.

La récession a frappé particulièrement durement les commerces de détail et les restaurants ces dernières années. L'économie a été extrêmement difficile pour les petites entreprises au cours des dernières années. Seules les entreprises qui ont su rester légères et conserver leurs clients ont survécu.

Le segment de la restauration rapide décontractée est un exemple de ces entreprises agiles. Il a survécu à la récession et a prospéré grâce à la valeur ajoutée qu'il apporte aux clients et à une stratégie commerciale plus fluide et plus compacte que la restauration décontractée typique.

Quelles tactiques les entreprises peuvent-elles employer pour rester à flot en période de difficultés économiques ? Le marketing basé sur la localisation, ou "LBM", est l'une des tactiques les moins chères et les plus simples.

Le marketing basé sur la localisation est une excellente stratégie d'acquisition de clients qui peut aider votre entreprise à prospérer en cette période économique difficile. Il existe quelques moyens fondamentaux par lesquels le LBM peut vous aider à prospérer en période de récession.

Dans un contexte économique difficile, les consommateurs recherchent des offres et des méthodes pour économiser de l'argent. Les offres de marketing géolocalisé sont une excellente méthode pour offrir une véritable valeur ajoutée à vos clients. Le marketing géolocalisé vous permet d'acquérir des clients pendant les périodes de ralentissement économique en proposant à vos clients des offres spéciales et des remises pertinentes. Pendant que vos concurrents perdent des affaires, vous pouvez en gagner.

Dans une économie difficile, vous pouvez également utiliser le marketing géolocalisé pour différencier votre entreprise. Alors que vos concurrents perdent des consommateurs de jour en jour, vous pouvez exploiter les méthodes du LBM pour fidéliser vos clients et leur offrir des incitations.

Dans un contexte économique difficile, il est essentiel pour la survie de l'entreprise de conserver ses principaux consommateurs. Le marketing basé sur la localisation est la méthode qui permet de récompenser et de conserver les clients fidèles. La valeur à vie des consommateurs dévoués permet à de nombreuses entreprises de se maintenir à flot, surtout en période de récession.

Les initiatives de marketing basé sur la localisation sont également gratuites à mettre en place et peu coûteuses à maintenir, ce qui en fait un outil idéal pour les entreprises à la recherche de stratégies rentables pour accroître leur clientèle en période de récession.

Chapitre 15: Évaluez votre stratégie de marketing en période de récession.

Le marketing pouvant être un moyen instantané de réduire les coûts, votre première réaction face aux effets d'une récession sur votre entreprise pourrait être de l'éliminer. Pourtant, le marketing est essentiel en période de récession. Pendant cette période, le marketing peut être plus critique qu'à d'autres moments.

Dès que vous reconnaissez que la récession affecte votre entreprise ou dès que vous lisez ce chapitre si vous en subissez déjà les conséquences, vous devez évaluer votre approche marketing. Vous n'avez pas besoin de l'éliminer. Néanmoins, vous devrez apporter certaines modifications. Considérez les questions suivantes pour revoir et changer votre plan pour le mieux.

Est-ce que je comprends mes clients ?

Trop de propriétaires d'entreprise se concentrent uniquement sur les articles et services qui, selon eux, connaîtront du succès. Ils ne sont pas pertinents si les tendances n'ont pas de rapport avec votre clientèle. Au lieu de vous préoccuper de ce qui, selon ce qu'on vous a dit, devrait générer le plus de profits, analysez vos clients.

Conserver des clients fidèles est l'un des meilleurs moyens de survivre à une récession. Dépenser des efforts pour s'assurer que les produits ou services que vous fournissez correspondent à ce que vos clients désirent ou ont besoin peut s'avérer payant. Cet aspect est essentiel dans tout plan de marketing, car vous devez vous assurer que vous offrez des produits réellement commercialisables aux consommateurs.

Est-ce que j'investis beaucoup ou trop peu dans le marketing ?

Vous devez faire des économies dans certains domaines tout en investissant suffisamment dans le marketing. L'objectif est de dépenser l'argent intelligemment.

Est-ce que je gaspille de l'argent en marketing ?

Passez du temps à cibler la population appropriée. De nombreuses personnes dépensent des sommes considérables dans des stratégies de marketing générales. En période de récession, cependant, vous voudrez allouer vos fonds de marketing à de véritables clients potentiels lorsque chaque dollar compte.

Est-ce que je fixe mes prix pour faire du profit ou pour vendre ?

Vous souhaitez gagner de l'argent mais devez faire face à quelques réalités. De nombreuses personnes réduisent leurs dépenses. Pour continuer à générer des revenus, vous devrez peut-être modifier vos prix. Il serait préférable de trouver un équilibre entre vendre des articles et gagner de l'argent.

Il est simple d'évaluer votre plan de marketing en vous posant quelques questions. Une fois que vous aurez les réponses à ces questions, vous pourrez faire les ajustements nécessaires pour que votre entreprise survive au marasme économique et se développe.

Chapitre 16: Améliorer la valeur de votre emploi en période de récession.

En période de récession, même les organisations traditionnellement axées sur les employés devront cesser de se concentrer sur la création d'un lieu de travail exceptionnel pour trouver des moyens de réduire leur budget tout en restant compétitives sur le marché et en attirant des consommateurs qui pourraient dépenser leur argent ailleurs. Ce sera leur priorité absolue !

Étant donné qu'il sera essentiel pour la pérennité de l'entreprise d'économiser de l'argent tout en continuant à en gagner (et parce que cela peut être très difficile à faire dans une économie qui se nourrit de l'idée qu'il faut dépenser de l'argent pour en gagner), tout employé capable de les aider à atteindre cet objectif deviendra immédiatement l'un des atouts les plus précieux de l'entreprise.

Les employés qui peuvent aider une entreprise à progresser tout en maintenant sa rentabilité seront extrêmement précieux aux yeux des dirigeants d'entreprise. Vous pouvez être sûr que ces personnes ne seront pas à la recherche d'un emploi ! On ne se débarrasse pas d'actifs générant un rendement tangible pendant une récession.

Vous ne trouvez pas de moyens créatifs d'aider votre entreprise à réduire ses dépenses ? Voici quelques suggestions pour commencer :

Réduisez le nombre de matériels de bureau. Vous seriez surpris de savoir combien le lieu de travail moyen dépense chaque mois en crayons, papier et chemises.

Trouvez une stratégie pour réduire les coûts de production sans sacrifier la qualité.

Si vous pouvez trouver une technique pour réduire le coût d'expédition de vos articles, vous deviendrez instantanément un héros dans votre entreprise ! L'augmentation du prix du pétrole (et donc de l'essence) a entraîné une hausse ridicule du coût du transport des marchandises, ce qui a contraint les entreprises à augmenter le prix de leurs produits, ce qui entraîne une perte d'activité dans une économie morose, car les clients se plaignent de l'augmentation des prix et vont voir ailleurs.

Nouveaux avantages pour les employés Les entreprises qui n'offrent aucun avantage à leurs employés ne les retiennent généralement pas très longtemps. Même les sociétés les plus insouciantes organisent généralement une fête de Noël ou un autre événement annuel pour les employés qui font tourner leur entreprise, ainsi qu'une série d'incitations régulières tout au long de l'année pour remonter le moral et favoriser une meilleure productivité.

Si vous parvenez à mettre en place un flux régulier d'incitations pour les employés (et les clients) qui obligent l'entreprise à dépenser moins d'argent de sa poche, vous serez sur le point de devenir un membre indispensable de l'équipe.

Chapitre 17: Utilisez la force des services de référencement.

La récession économique a touché de nombreux secteurs d'activité, entraînant un chômage massif, une restructuration des entreprises pour favoriser le multitâche dans de nombreuses divisions, une perte importante des investissements de l'entreprise, et bien d'autres facteurs qui peuvent conduire à la saisie ou même à la faillite d'une entreprise.

De nombreuses entreprises ont eu recours à des mesures de réduction des coûts touchant divers départements essentiels, dont le département marketing. Comment pouvez-vous réussir dans un secteur concurrentiel si vous disposez d'un budget marketing et publicitaire limité ?

Peut-il soutenir et développer votre entreprise pendant une récession ? C'est possible grâce à l'utilisation de services de référencement.

Pourquoi l'Internet ? Les propriétaires d'entreprises sont habitués aux formes traditionnelles de publicité, telles que la télévision, la radio et la presse écrite.

Toutefois, en raison de la récession actuelle, le financement des promotions trimédias a été réduit, ce qui pourrait nuire aux activités de marketing de l'entreprise. En réponse, une entreprise peut utiliser Internet à des fins lucratives, au-delà du courrier électronique et de la simple navigation sur le Web.

L'Internet est un média qui pourrait faire connaître une entreprise à un public mondial. Comparable au tri-média, qui cible un public de masse sans tenir compte des caractéristiques démographiques, le marketing sur Internet peut obtenir une présence plus substantielle sur le marché grâce à un marketing de niche ou à une réponse réelle du public direct du produit.

Les services de référencement sont un type de marketing en ligne qui peut être utilisé en réponse à la diminution des budgets publicitaires due à la récession. L'optimisation des moteurs de recherche est une méthode permettant d'augmenter le trafic d'un site Web par le biais des résultats de la recherche organique ; la recherche organique est le processus consistant à attirer les visiteurs d'un site Web par le biais des pages de résultats des moteurs de recherche. Les moteurs de recherche comprennent Google et Yahoo.

Cette activité attire des personnes susceptibles d'acheter des produits ou des services, transformant ainsi leur visite en profit. Même si cela ne garantit pas un profit réel, les services de référencement peuvent générer un retour sur investissement, ce qui est essentiel dans le climat économique actuel.

Lors de la sélection d'un fournisseur de services de référencement, certaines variables incluent la connaissance du marché de niche que vous ciblez, l'honnêteté, la fiabilité et l'éthique du travail.

Certains peuvent contester l'utilité de l'éthique professionnelle sur le web. Pourtant, étant donné que nous interagissons directement avec les utilisateurs finaux du produit, il est essentiel de maintenir la même équité de la marque et la même proéminence que dans le tri-média. Il en va de même pour les tactiques de promotion en ligne utilisées pour le site web.

Les stratégies de référencement en chapeau blanc se sont avérées plus sûres et plus productives à long terme que les techniques de référencement en chapeau noir, qui peuvent aboutir à ce qu'un site Web soit considéré comme du spam et reçoive une pénalité des moteurs de recherche.

La récession se caractérise par le chômage, une faible rentabilité, une réaffectation des fonds, etc. Néanmoins, les efforts de marketing ne doivent pas être sacrifiés. Les services de référencement sont une excellente option pour établir une présence sur le web et auprès des consommateurs.

Chapitre 18: Alternatives aux coupes et aux réductions d'effectifs pendant la récession actuelle.

L'instinct des chefs d'entreprise en période de récession est de réduire le personnel et les programmes et de se réorganiser. Parmi les exemples quotidiens, citons les banques, les entreprises technologiques, les entreprises de construction, les commerçants, et même les secteurs dits de croissance comme les soins de santé et le développement durable. De nombreuses moyennes et petites entreprises ne font jamais parler d'elles. Pendant le ralentissement économique actuel, il existe des alternatives aux réductions et aux coupures.

Stratégie.

Un plan stratégique complet est le fondement de la réussite, dans les bons comme dans les mauvais moments. Examinez la stratégie de votre entreprise. A-t-elle un sens ? Peut-elle être mise en œuvre ? Est-elle trop idéaliste ? Comment aborde-t-elle vos marchés et les compétences de base de votre entreprise?

Exécution.

Sans exécution, même les meilleurs plans stratégiques et d'entreprise ne sont rien. Disposez-vous de paramètres ou de mesures pour évaluer le succès par rapport aux objectifs financiers ET opérationnels ? Quels sont ceux qui réussissent et ceux qui ne réussissent pas ? Pourquoi ? Qui en est responsable ? Et que fait-on pour remédier aux déficits de performance?

Clients.

En période de ralentissement économique, les entreprises de toutes tailles semblent prêtes à faire passer les clients, qui paient les factures, en dernier.

Non ! C'est le moment de réévaluer les efforts de votre entreprise en matière de satisfaction de la clientèle. Vos clients ont le choix, quel que soit le secteur, le produit ou le service. Prenez les mesures nécessaires pour faire de votre entreprise leur PREMIER choix. Demandez-leur comment vous vous comportez et ce qui peut être fait pour améliorer leur satisfaction.

Coût.

Les entreprises sont prêtes à réduire leurs dépenses et leur personnel lorsque l'économie est faible. C'est tellement simple qu'un enfant avec un stand de limonade pourrait l'accomplir, mais ce n'est souvent PAS la bonne réponse. Examinez où les ressources sont initialement déployées.

Maintenez vos frais généraux à un niveau bas. La plupart de vos ressources devraient être consacrées à la génération de revenus et à la satisfaction des clients. Si cela nécessite un redéploiement et une nouvelle formation, il faut le faire. Ensuite, il faut licencier les entrepreneurs et les consultants avant de licencier des employés, et la tâche doit être effectuée en interne.

De plus, les salaires et les primes au sommet de l'organisation doivent être réduits en premier. Les réductions les plus importantes doivent concerner les cadres supérieurs de l'entreprise, et non les employés de bureau et les représentants commerciaux en contact avec la clientèle.

Enfin, sollicitez les commentaires ; les employés sur le terrain et dans le back-office savent généralement où se trouvent les meilleures chances de réaliser des gains d'efficacité réels. Demandez leur avis, mettez en œuvre leurs suggestions et reconnaissez leurs contributions.

Vitesse.

Je suis stupéfait de lire des articles sur la mobilisation rapide des ressources sur le front intérieur américain pendant la Seconde Guerre mondiale. Dans des délais étonnamment courts, les usines sont passées de la production d'automobiles et de réfrigérateurs à la production de chars et d'avions en grandes quantités. Cela s'est produit avant l'apparition des ordinateurs, tels que nous les connaissons aujourd'hui. Alors pourquoi tout aujourd'hui (à l'exception probablement de l'Internet) prend-il tant de temps ?

Examinez les délais nécessaires dans votre organisation et réduisez-les de 25 à 50 % tout en maintenant ou en améliorant la qualité. Plutôt que des mois, le temps nécessaire au développement de nouveaux produits et services se mesure parfois en années. C'est faisable, et c'est un avantage concurrentiel.

Innovation.

La meilleure période pour l'innovation et la prise de risque est celle où l'économie est difficile. En période de vaches maigres, il est naturel pour les entreprises de toutes tailles de prendre moins de risques. Cela comprend les concepts uniques de produits, de services, de marketing et d'opérations commerciales.

Contrairement à la plupart des organisations, celles qui prennent des risques et font progresser l'innovation se démarquent de la concurrence. En outre, l'innovation doit couvrir toutes les parties d'une entreprise, et pas seulement la recherche et le développement ou le marketing.

Un déclin, une récession ou une économie faible suscitent la peur chez la plupart des professionnels des affaires à tous les niveaux. Même lorsque l'argent est plus rare et que les opportunités du marché diminuent, il y a des gagnants et des perdants dans les économies saines et faibles.

En se concentrant sur la stratégie, l'exécution, les clients, les coûts et les dépenses, la vitesse et l'innovation, toute entreprise, quels que soient sa taille, son marché ou son secteur d'activité, peut sortir victorieuse du ralentissement économique actuel.

Conclusion.

Le climat économique actuel est sombre, tant pour les particuliers que pour les entreprises. Les gens se serrent la ceinture alors que l'économie continue de se débattre. Autrefois considérée comme une anomalie, la frugalité est désormais portée comme un badge d'honneur.

L'expression "l'argent est roi" est très juste. Maintenir un flux de trésorerie suffisant pour votre entreprise est devenu nécessaire pendant le ralentissement économique actuel, en particulier en raison de l'épuisement des marchés du crédit.

Il est possible pour les entreprises de survivre tout au long d'une récession, comme le prouvent les succès passés de Google, IBM, PayPal et FedEx. Même si votre entreprise n'est pas comparable à la leur, il y a certaines choses que vous pouvez faire - qu'ils ont faites - pour améliorer votre entreprise. Vous pouvez prendre d'autres mesures pour faire en sorte que votre entreprise ne se contente pas de survivre au ralentissement économique actuel. Voici quelques exemples :

Offrez un service client cinq étoiles. Même en période de difficultés économiques, les entreprises refusent de réduire le service à la clientèle. Le service client est la "première ligne" de votre défense - un excellent service client se traduit par des consommateurs satisfaits. Les clients qui sont heureux de dépenser de l'argent génèrent des revenus. En outre, un excellent service à la clientèle peut vous démarquer de vos concurrents, ce qui, en ces temps, est essentiel.

Bien que ce soit le moment idéal pour examiner l'efficacité de vos canaux de marketing et déterminer qui sont vos principaux clients, la réduction de votre budget marketing vous désavantage. De nombreux concurrents concentreront leurs efforts, ce qui les incitera à promouvoir votre entreprise de manière agressive.

Renégociez les baux et les contrats. C'est le moment idéal pour examiner vos contrats de service, vos accords avec les fournisseurs et votre bail. Si vous êtes engagé dans un bail à long terme, négociez une réduction de loyer avec votre propriétaire. Cette démarche est fructueuse si votre propriétaire souhaite maintenir un taux d'occupation élevé et sait que vous avez d'autres options.

Une renégociation du bail peut souvent aboutir à une réduction de 5 à 50 % du tarif. De même, les fournisseurs peuvent être disposés à renégocier les accords. La plupart des entreprises reconnaissent qu'il est préférable d'avoir quelques affaires que de n'en avoir aucune. De plus, demander ne fait jamais de mal.

Continuez à développer des articles et des services qui plaisent à votre clientèle. Les entreprises qui réussissent sont celles qui continuent à innover. Vous pouvez croire que c'est assez difficile dans notre domaine, en partant du principe qu'on ne peut réinventer la roue qu'un nombre limité de fois.

Dans ce scénario, cependant, l'innovation n'implique pas nécessairement la création de nouveaux produits ou services. Elle consiste à élaborer des solutions inventives pour répondre à la demande actuelle ou à l'exigence ou au problème d'un client.

Il peut s'agir de s'associer à des personnes dans le cadre de nouveaux projets ou même de prêter main forte à un fournisseur, ce qui augmente votre pouvoir de négociation. En bref, soyez imaginatif et ne limitez pas les possibilités.

Compétences de gestion pour les gestionnaires.

1. Gestion du temps pour les managers
2. Coaching des employés pour les managers
3. Développement de l'esprit d'équipe pour les managers
4. Confiance en soi pour les managers
5. Techniques de négociation pour les managers
6. Compétences en matière de service à la clientèle pour les managers
7. L'affirmation de soi pour les managers
8. Étiquette commerciale pour les managers
9. Aptitude à l'écoute pour les managers
10. Compétences en leadership pour les managers
11. Compétences en communication pour les managers
12. Techniques de présentation pour les managers
13. Gestion du stress pour les managers
14. Prise de décision pour les managers
15. Gestion des conflits pour les managers.

Série : La liberté financière à tout âge.

- Atteindre la liberté financière à 20 ans
- Atteindre la liberté financière dans la trentaine
- Atteindre la liberté financière dans la quarantaine
- Atteindre la liberté financière dans la cinquantaine
- Atteindre la liberté financière à 60 ans
- Atteindre la liberté financière à 70 ans et plus.
- Atteindre la liberté financière chez les enfants
- Atteindre la liberté financière chez les adolescents

- Atteindre la liberté financière chez les étudiants universitaires.
- Les escroqueries financières dont il faut se méfier à la retraite.

Série : Des finances personnelles pour vous.
- Acheter et vendre des crypto-monnaies pour les débutants
- Pourquoi investir dans des actions à dividendes est judicieux.

Série : Patrimoine 2022.

- L'entrepreneuriat en ligne.
- Créer sa propre entreprise
- Gestion de patrimoine
- Revenu passif.
- 12 étapes pour créer votre propre entreprise.

Série : Un excellent service à la clientèle.
- Excellent service à la clientèle dans le commerce de détail
- Excellent service à la clientèle dans la restauration rapide

- Excellent service à la clientèle dans un restaurant à service complet
- Excellent service à la clientèle dans l'enseignement.
- Excellent service à la clientèle dans l'immobilier
- Excellent service à la clientèle dans un centre d'appels
- Excellent service à la clientèle en tant que réceptionniste
- Excellent service à la clientèle dans un hôtel
- Excellent service à la clientèle dans la vente
- Excellent service à la clientèle, peu importe la situation.
- Excellent service à la clientèle dans un cabinet dentaire
- Excellent service à la clientèle dans un cabinet médical.

Série : L'argent rapide.

- Argent rapide en une semaine
- Argent rapide en un week-end
- Argent rapide en un mois
- Argent rapide pour les étudiants.

Série : Comment faire de la promotion.

- Comment faire prospérer votre entreprise pendant une récession

- Comment promouvoir votre livre de recettes
- Comment faire la promotion de votre livre pour enfants.

Biographie de l'auteur

D.K. Hawkins. D.K. aime lire des livres sur les affaires personnelles ainsi que passer du temps à l'extérieur. D'autres livres viendront s'ajouter à cette collection, alors suivez-nous sur Amazon pour en savoir plus.

Merci d'avoir acheté ce livre.

Je vous en remercie sincèrement et je vous apprécie, vous, mon excellent client.

Que Dieu vous bénisse.

D.K. Hawkins.

www.ingramcontent.com/pod-product-compliance
Lightning Source LLC
Chambersburg PA
CBHW050008230526
45465CB00003BB/1323